Micro-démocratie

Une révolution démocratique à l'ère de l'information.

Par Aaron Ran

Traducteur : Lucas Heslot

Table des matières

Préface

Si la révolution de l'information a apporté une grande prospérité à l'économie et a considérablement amélioré notre qualité de la vie, elle mijote aussi, en douceur, une tempête dans les domaines de la politique et des relations sociales, qui va sans aucun doute ébranler l'ordre mondial. Cette situation offre aux populations une occasion éphémère de construire à la perfection un nouveau système politique qui remplacerait nos systèmes défaillants actuels. Ce livre propose un plan d'action et un schéma directeur pour le chantier à réaliser. Les clés de voûte de ce chantier sont la détermination et l'audace. La plupart des gens ne sont pas préparés à faire face à changements soudains, mais si l'opportunité se présente aujourd'hui, c'est précisément parce que, dans la période actuelle, les dirigeants de l'Ancien Monde sont tout aussi perdants. Si les populations se gardent d'avancer par peur de l'inconnu, les forces de l'Ancien Monde utiliseront ce délai pour se rassembler, consolidant leurs avantages grâce aux technologies pour les transformer en un nouveau joug sous lequel placer les masses, étouffant les espoirs de liberté et de bonheur.

Pour ceux ayant vécu à l'époque de l'agriculture, l'histoire a dû donner l'impression de se répéter à l'infini. Puis vint l'ère industrielle, et la société commença sa lente marche vers le progrès, progrès ayant pris une vie entière à se manifester. À l'ère de l'information, l'évolution de la civilisation s'est soudainement accélérée, la société se transformant à une vitesse et une ampleur sans précédent. Apprendre à utiliser les nouvelles technologies est devenu une compétence de survie essentielle. Microsoft a mis seulement trente ans à placer « un ordinateur sur chaque bureau et dans chaque foyer »[1] et la marée des smartphones lancée par Apple a emporté ces ordinateurs encore plus rapidement : en une douzaine d'années seulement, ce petit appareil magique est devenu une sorte de nouvel organe pour chacun de nous. Nous vivons maintenant d'une façon inimaginable pour les précédentes générations. Malgré ces changements spectaculaires, notre système politique est resté le fruit de la conception séculaire de révolutionnaires à cheval. Ce contraste soulève une importante question : la révolution de l'information va-t-elle inévitablement atteindre le territoire de la politique ?

Dans le monde des affaires, l'automatisation des processus et la prise de décision intelligente ont permis d'optimiser la production et la distribution et donc de réduire progressivement la bureaucratie, en particulier les étapes manuelles inefficaces et coûteuses. Les chaînes d'approvisionnement de plus en plus intégrées ont rendu la collaboration mondiale plus directe et plus efficace ; les nouveaux systèmes de commerce électronique ont raccourci le chemin de l'usine aux consommateurs. En conséquence, les consommateurs finaux influencent les décisions relatives aux procédures de production et de vente de manière plus directe et plus précise.

Dans l'arène politique, les démarches humaines sont non seulement inefficaces mais ont toujours été sujettes à la corruption. Nous pouvons imaginer que le remplacement des opérations manuelles et des conventions dépassées par des procédures démocratiques automatisées et intelligentes améliorerait considérablement l'efficacité et la transparence de l'élaboration des politiques publiques. Plus important encore, la volonté du peuple affecterait plus directement les décisions politiques, de sorte que la politique pourrait mieux servir la justice sociale et les intérêts publics, rendant la société plus harmonieuse et satisfaite. Cette vision semblait jusqu'alors hors de portée, mais les développements récents dans le domaine économique ont prouvé qu'une fois que les conditions étaient mûres, les changements pouvaient aller bien au-delà de l'imagination.

Avant de concevoir un nouveau système, il est nécessaire de diagnostiquer les défauts des anciens, afin de prescrire le traitement approprié. Ce livre n'a cependant pas pour but de faire une critique. G. W. F. Hegel a un jour déclaré : « *ce qui est raisonnable est réel ; ce qui est réel est raisonnable* »[2], phrase souvent interprétée à mauvais escient pour justifier un statu quo injuste. Malgré sa malhonnêteté et sa malveillance, cette logique n'est pas entièrement... déraisonnable. Tout système politique qui perdure, qu'il soit juste, avancé, parfait ou le contraire, doit être un produit raisonnable de son époque et de son environnement. Si les conditions matérielles de la société et sa culture restent inchangées, il est alors extrêmement difficile, voire impossible, de transformer en profondeur un système politique stable. Nous ne devrions par exemple pas juger et critiquer le système de l'esclavagisme de l'Égypte ancienne avec notre regard droits-de-l'hommiste et nos normes morales d'aujourd'hui, en ignorant la productivité et la réalité sociale de cette époque. De même, malgré les défauts des systèmes démocratiques contemporains, nous devrions d'abord les placer dans les circonstances de leur âge d'or, les évaluer de manière raisonnable et apprécier leur supériorité dans leur contexte historique. Ceci étant dit, cette nouvelle ère de l'information provoque des changements fondamentaux dans notre monde, et la réforme de nos systèmes politiques devient donc l'appel naturel de notre temps. Elle est moralement juste, réalisable dans sa mise en œuvre et même inévitable.

Ces idées ont fait leur chemin dans mon esprit pendant bien des années avant que je ne commence à écrire ce livre. Ce long délai était dû à ma paresse mais aussi à mon humilité. Je considérais que les tendances historiques et les solutions étaient si évidentes que les universitaires et les militants sociaux ne pouvaient pas les manquer. S'ils devaient faire des propositions, elles seraient plus convaincantes et plus attrayantes que les miennes. Malheureusement, des théories comparables à la mienne n'ont que timidement émergé. Pendant un temps, des raisonnements similaires ont fait leur apparition, mais ont été très vite abandonnés face aux premiers obstacles prévisibles présents sur leur chemin. Cela étant, il est vrai que certaines de mes expériences et qualifications m'ont donné des opportunités et des perspectives uniques pour développer de nouvelles conceptions politiques, économiques et technologiques. Ayant été témoin d'énormes changements sociaux, ayant voyagé et observé le monde entier, et en tant que praticien ayant contribué aux transformations actuelles de l'information, je suis convaincu que le concept de *micro-démocratie* qui va vous être présenté dans ce livre est la solution ultime aux maux de notre époque. Grâce aux technologies modernes de l'information, chaque membre d'une société ouverte pourra participer directement à la prise de décision dans toutes les affaires publiques, exercer sa propre part de pouvoir, indépendante et inconditionnelle. Les plus petites unités d'une société démocratique, les citoyens, pourront exercer leur pouvoir directement sur les plus petites unités de prise de décision démocratique : les problématiques réelles.

La micro-démocratie est ainsi nommée.

L'origine de la théorie de la micro-démocratie remonte à l'ancienne « démocratie directe », à mettre en opposition à la « démocratie indirecte » ou à la « démocratie représentative » qui domine aujourd'hui. Bien que les règles de la démocratie directe, par laquelle les gens décident directement sur les problématiques, soient plutôt équitables et simples, son fonctionnement perd fortement en qualité avec l'augmentation de la population et l'expansion du territoire sur lequel elle s'exerce. Ainsi, elle n'a jamais été adoptée par les nations modernes. Bien que les processus de la démocratie représentative, par lesquels les gens élisent des représentants pour prendre des décisions à leur place, soient compliqués et comportent de nombreuses lacunes cachées, il est du moins possible de la faire fonctionner dans une société à grande échelle, ce pourquoi elle est la structure politique dominante de notre temps. Mais avec l'évolution des nouvelles technologies de l'information et de communication, les problèmes qui empêchaient autrefois la mise en œuvre de la démocratie directe ont été résolus, et la plupart de ces solutions ont fait leurs preuves dans le secteur privé.

La démocratie directe n'est que le fondement de la théorie de la micro-démocratie. De grands principes et structures, tels que les droits de l'homme, le bien-être social, des mécanismes de coexistence entre les diverses communautés et des mécanismes d'évolution civilisationnelle, sont en fait ses valeurs fondamentales et dont les impacts sont les plus importants. La micro-démocratie n'est pas un rafistolage de systèmes isolés, mais un système social intégré et une solution complète à de nombreux maux des systèmes politiques actuels. Cette conception prône l'utilitarisme[3], avec pour objectif ultime le bonheur maximal de la société tout entière, avec l'équité et l'ouverture comme principes directeurs.

Comme le dit le proverbe, « le diable est dans les détails ». Cela s'applique à la conception et à l'ingénierie des systèmes informatiques, et ne fait pas exception au système politique. À titre d'exemple, la théorie communiste de Karl Marx a jadis apporté un concept fascinant et un grand schéma directeur à la société, même si en fin de compte, en raison de sa mort prématurée et de sa négligence de certains aspects de la réalité, trop de creux dans ses fondations l'aient finalement conduit à son effondrement définitif. C'est un problème commun à de nombreux politologues qui savent très bien sélectionner des exemples qui les arrangent pour prouver leur théorie ultérieurement à leur mise en oeuvre, plutôt que de présenter des prévisions et des instructions réalistes à l'avance. L'absence de plans d'exécution précis et réalisables rend en effet particulièrement difficile l'exercice d'une influence directe et substantielle sur le fonctionnement réel de la société. Pour éviter de telles erreurs, ce livre ne se contente pas d'aborder les concepts et principes de ce nouveau système, mais accorde également une attention particulière aux détails de sa mise en oeuvre opérationnelle, afin que la micro-démocratie ne devienne pas une nouvelle « fantaisie parmi d'autres ». En outre, comprendre et accepter cette théorie nécessite encore une imagination fertile et un esprit ouvert. J'invite vivement les lecteurs à mettre de côté tous leurs préjugés, à explorer cette idée dans sa totalité et à agir ensemble pour un monde meilleur au nom du bonheur et du bien-être du peuple.

 # Le Vote

Tous les êtres humains naissent libres et égaux en dignité et en droits[1], tel est le principe fondamental de la démocratie. La démocratie représentative assure cette égalité sous la forme d'une personne, une voix, un principe qui peut sembler juste et clair. Cette préconception a cependant de graves et insaisissables défauts cachés, et ses deux problèmes majeurs sont le transfert forcé de droits civils et une simplification excessive de l'égalité.

Dans la Grèce antique, tous les citoyens pouvaient participer à des discussions ouvertes sur les affaires publiques à l'assemblée principale (ou *ecclesia*[2]). En général, ces discussions portaient sur des questions spécifiques : s'il fallait construire un pont, s'il fallait déclencher une guerre, comment modifier une loi, etc. Par la suite, les propositions soumises au vote des citoyens ordinaires portaient également sur ces questions spécifiques, de sorte que les résultats des décisions prises étaient, de façon certaine, le reflet direct et précis de la volonté du peuple. La forme des débats à l'époque favorisant généralement les orateurs éloquents et passionnés, et les esclaves et les femmes en étant exclus, ces pratiques démocratiques étaient loin d'être parfaites. Tout de même, cette forme de discussion directe et de vote sur des questions spécifiques était une interprétation fidèle des principes démocratiques.

Dans le cadre de la démocratie représentative, le pouvoir de décision des citoyens est transféré par la force. En apparence, les citoyens ont tous un vote égal. Mais à de très rares exceptions près (comme les référendums), les questions soumises au vote sont rarement spécifiques comme la construction de ponts, le déclenchement de guerres et la modification de lois. Les choix inscrits sur le bulletin de vote sont, à la place, des noms de candidats. En outre, le vote porte moins sur les affaires publiques que sur les qualifications et la personnalité de ces candidats. Lorsque les citoyens votent, deux choses se produisent : premièrement, les citoyens renoncent à leur droit de participer directement à la prise de décision sur des questions concrètes. Deuxièmement, les citoyens transfèrent tous leurs pouvoirs de décision sans condition au candidat élu, qu'il ait été ou non choisi par les citoyens. Par conséquent, ce mode de scrutin n'est pas tant une matérialisation des droits démocratiques des citoyens qu'une renonciation à leur pouvoir démocratique.

Le système de la démocratie représentative est basé sur une hypothèse irréfléchie : sous l'influence du pouvoir électoral, les élus resteraient fidèles aux souhaits de leurs électeurs, et n'agiraient qu'en tant que porte-parole de leurs électeurs afin de défendre leurs intérêts. Cette hypothèse est en réalité une illusion. En apparence, les candidats élus tirent leur force de leurs électeurs, mais les véritables maîtres du pouvoir sont en fait les élites privilégiées. Ces élites contrôlent des groupes d'intérêts particuliers dans le but de tromper et de manipuler l'électorat, et elles n'empruntent les mains des électeurs que pour leur faire léguer leur pouvoir à leurs serviteurs. La loyauté des élus va donc tout naturellement aux élites privilégiées et aux groupes d'intérêts particuliers, car ce sont eux, plutôt que les électeurs, qui ont véritablement organisé leur victoire électorale. Certains pensent que les gens ordinaires sont trop irresponsables ou stupides pour prendre de bonnes décisions, mais c'est en fait l'ensemble du système politique et économique qui a été construit au fil du temps selon les plans méticuleux de groupes de pression, donnant à la classe dirigeante un pouvoir de contrôle écrasant sur l'information, l'opinion publique, l'économie et les lois.

Dans une démocratie plus mature, les campagnes électorales déterminent directement l'acceptation des candidats par le public, qui dépend fortement d'un soutien financier suffisant. Bien que l'argent ne soit pas le seul facteur déterminant du résultat d'une élection, avoir des ressources financières substantielles apporte souvent aux candidats des avantages significatifs.[3] En outre, les groupes de pression ont souvent recours à des techniques telles que la création d'événements montés de toutes pièces, le contrôle des médias et la manipulation des systèmes militaires/policiers dans le but d'influencer une élection. Ces méthodes peuvent affecter fortement l'attitude et le jugement des électeurs et conduire aux résultats de vote souhaités par les puissants.

Dans d'autres pays autoritaires pseudo-démocratiques, la manipulation des élections n'est pas un secret et se fait systématiquement. En limitant les qualifications des candidats, en augmentant les couches électorales ou en organisant des élections sans marge, la classe dirigeante peut facilement bloquer l'accès de candidats concurrents à des postes critiques, conservant ainsi un contrôle total sur les décisions importantes.

Via leur investissement, les groupes de pression placent leurs agents au sein des cercles de décision politique afin de les court-circuiter et de bénéficier d'un bon retour sur ces investissements. En parallèle, les candidats honnêtes sont désavantagés par le manque de ressources et les manipulations de leurs adversaires. Le pouvoir de décision des citoyens étant concentré et transféré aux élus, les groupes de pression peuvent indirectement et secrètement dominer tous les pouvoirs de l'État en n'achetant qu'une poignée de candidats pendant la période électorale. Cela est pour eux beaucoup plus facile, moins coûteux et plus sûr que de tenter de gagner directement le coeur de la majorité du public. Il n'est donc pas surprenant que la démocratie représentative soit devenue l'outil le plus maniable et le plus apprécié des groupes de pression. En vérité, ces groupes sont probablement plus attachés à ce système que le citoyen lambda. Comme nous pouvons le constater, la cause profonde de la corruption politique dans notre société démocratique actuelle n'est ni la moralité des hommes politiques ni l'efficacité de l'exécution de la loi, mais les défauts inhérents au système politique lui-même.

Même en mettant de côté les cas de malveillance intentionnelle, et en nous concentrant sur les candidats les plus authentiques et les plus décents, un autre défaut fatal de la démocratie représentative reste inévitable : le champ de la prise de décision dépasse généralement de loin les domaines de compétence de chacun. En raison de ces limites personnelles des représentants élus, les décisions qu'ils prennent sont soit fondées sur d'autres expériences ou préférences personnelles non pertinentes, soit influencées par les opinions de leurs « conseillers ». Bien que les opinions de ces groupes de réflexion soient parfois très influentes, elles ne sont le plus souvent pas le choix des électeurs, et leurs connaissances, leurs positions politiques et leurs conflits d'intérêts devraient les disqualifier de ces prises de décision.

Pour aggraver encore les choses, le mandat des représentants élus dure des années et il est presque impossible d'y mettre fin ou de le remplacer par anticipation. Avec le temps, les représentants deviennent moins sensibles à la voix des électeurs. Pendant cette période de pouvoir, si les représentants ne tiennent pas leurs promesses envers leurs partisans ou sont manifestement incompétents, les électeurs ne peuvent pas faire grand-chose d'autre que d'attendre l'expiration de leur mandat. Par ailleurs, un mandat trop court peut également poser problème. À l'approche d'une élection, les hommes politiques sont toujours désireux de montrer ce qu'ils ont accompli afin de plaire aux électeurs et à leurs sponsors. Ils ont donc tendance à se concentrer sur des objectifs à court et moyen terme pouvant servir leur carrière politique immédiate. Les grands projets qui nécessitent une vision à long terme et de la ténacité pour les mettre en œuvre sont sciemment ignorés. Ce paradoxe montre que, quelle que soit la durée du mandat, il n'existe pas de point d'équilibre parfait qui permettrait à la société d'en tirer un réel bénéfice.

La seule solution qui permette de résoudre ce problème est d'abolir la démocratie représentative. S'il n'y a plus de représentants, les citoyens n'ont plus à transférer leur pouvoir politique à qui que ce soit et, par conséquent, le centre de gravité électoral revient aux problématiques publiques spécifiques elles-mêmes. En outre, sans ces intermédiaires, les failles du mécanisme de transmission de l'opinion publique cessent d'exister et le verrouillage du pouvoir devient impossible.

La simplification excessive de l'égalité des droits n'est pas propre à la démocratie représentative ; c'est aussi un problème dont souffrent d'autres systèmes démocratiques. La principale conséquence de cette simplification excessive est la négligence, dans la prise de décision, des différences d'appréhension des citoyens individuels vis-à-vis de problématiques spécifiques. Il en résulte une égalité toute relative dans la prise de décision qui peut parfois même être nuisible aux intérêts publics. En microéconomie, il est reconnu depuis longtemps que les avantages marginaux ne sont pas constants et égaux. Ce principe a été largement appliqué dans les activités commerciales et a joué un rôle essentiel dans le succès de l'économie de marché. Dans le système politique actuel, une telle différenciation des personnalités n'a pas été sérieusement envisagée. L'égalité des droits civils a toujours été envisagée dans le contexte unique d'une prise de décision également partagée (c'est-à-dire une part égale de pouvoir pour tous ceux impliqués dans la prise de décision), et elle souffre généralement d'un manque d'intégration dans une conception rationnelle, bien qu'elle forme le concept d'égalité le plus courant. À l'aide des exemples suivants, nous allons examiner les différents problèmes qui se posent à la société et la manière de les résoudre.

Tout d'abord, imaginez une proposition de construction d'un grand barrage. Pour les résidents qui vivent à proximité de la zone du réservoir, l'impact peut être dévastateur. Ils peuvent se retrouver forcés de quitter leurs maisons (qui seront probablement détruites), de perdre des terres agricoles cultivées depuis des générations et d'abandonner leur mode de vie, leurs moyens de subsistance et leurs relations sociales familières. Les habitants qui vivent plus loin, eux, peuvent profiter des avantages du barrage, tels qu'un approvisionnement en électricité plus stable et une énergie moins chère. Pour les personnes vivant dans des régions plus éloignées, l'impact peut être minime, voire nul. Dans ces circonstances, est-il juste et raisonnable de donner aux trois types de personnes susmentionnées le même pouvoir de décision sur cette proposition ? Les citoyens dont les intérêts ne sont pas associés à la décision doivent-ils avoir le même pouvoir sur l'issue du vote que ceux qui y ont un intérêt substantiel ? La réponse est clairement non. La petite joie de l'un et l'énorme douleur de l'autre ne devraient pas peser de la même manière sur la balance. L'égalité démocratique ne doit pas être interprétée simplement comme l'équivalence d'une personne avec une autre. Elle doit également prendre en considération le degré des effets de chaque décision sur les citoyens individuels. Sur le plan abstrait, il est nécessaire de reconnaître la différence objective du lien qui lie l'organe de décision (le citoyen) et l'objet (la problématique/question) au niveau micro, de quantifier l'intensité de ces liens, puis de l'intégrer dans un système de vote rationnel afin d'optimiser la prise de décision.

Afin de répondre aux considérations ci-dessus, les principes de la micro-démocratie affirment que, dans le processus décisionnel démocratique, le poids (ou le pouvoir) du vote des citoyens sur des questions spécifiques correspond au degré d'impact que les effets de la résolution aura sur leurs intérêts. En vertu de ce principe, lorsque l'on regarde une problématique particulière de manière isolée, le pouvoir de décision entre chaque citoyen semble inégal. En revanche, d'un point de vue global, l'égalité est réalisée car les citoyens ont un accès égal à un pouvoir de décision supplémentaire sur les questions qui les concernent plus particulièrement. Cette stratégie de rééquilibrage contribue à faire mieux fonctionner la société, c'est-à-dire à accroître le bonheur général de la population.

Certains peuvent faire valoir qu'en vertu de la simple règle « une personne, une voix », les lacunes susmentionnées peuvent être évitées si l'électeur tient compte de l'impact de sa décision sur les autres. Malheureusement, cela impose des exigences irréalistes à l'éthique des électeurs. L'égoïsme des humains est une réalité avérée et a joué un rôle clé dans la formation des sociétés et des systèmes économiques modernes. Quand le degré d'éthique sociale varie en fonction de chaque citoyen, de telles exigences ne profitent qu'aux individus égoïstes. Des études psychologiques ont en effet révélé que le phénomène du « biais attributif »[4] entraînait une tendance à l'intérêt personnel qui conduisait les gens à sous-estimer involontairement la souffrance des autres. Par conséquent, même dans un monde idéal où les gens atteindraient un état noble et désintéressé, et seraient correctement informés, il serait toujours impossible d'augmenter l'utilité sociale en s'appuyant sur cette définition simpliste de l'égalité.

Imaginez maintenant une autre proposition : que la nation adhère à un traité commercial international. Une première analyse de la pertinence de l'intérêt de ce traité pour la nation suggère qu'un tel traité toucherait tous les citoyens plus ou moins de la même manière, alors qu'en réalité, il toucherait plus fortement ceux qui sont engagés dans le commerce international. Selon le principe de la proximité des intérêts, le pouvoir de décision des citoyens devrait varier en fonction du degré d'effets qu'a ce traité sur leurs intérêts. Cet ajustement tend cependant à trop se concentrer sur les impacts directs, à court terme et partiels, tout en ignorant les effets indirects, à long terme, et globaux de ces décisions. Il se trouve que les liens entre les impacts à court terme du commerce international et des politiques industrielles, et les implications à long terme ne sont pas toujours clairs. Pour ceux qui n'ont pas de connaissances économiques ni d'expérience du commerce mondial, certains des effets macroscopiques à long terme peuvent être difficiles à comprendre. En outre, certains secteurs semblant peu impactés au départ révèlent parfois des liens étroits avec le traité sur le long terme. Les connaissances et l'expérience d'experts contribuent par ailleurs de manière disproportionnée à l'analyse visant à prévoir avec précision ces implications globales.

Le populisme et l'élitisme font en effet l'objet d'un débat sans fin et passionné, avec pour but de déterminer si la politique devrait être menée depuis la base, émotive et court-termiste, ou par des élites égoïstes et arrogantes. Contrairement à ces deux cas de figure (tous deux imparfaits), la micro-démocratie offre une solution équilibrée et rationnelle débarrassée de toute arrogance et des abus de pouvoir. Elle y parvient en donnant aux citoyens un pouvoir de décision supplémentaire en fonction de leur niveau d'éducation et/ou de leur expérience professionnelle dans chaque domaine. Contrairement aux systèmes politiques existants, la répartition de ce pouvoir de décision dépend uniquement des connaissances et de l'expérience accumulées par chaque citoyen, et non de son statut ou de sa position actuelle dans les institutions. Ouverte et décentralisée, cette répartition du pouvoir permettra de recueillir la sagesse totale de l'ensemble de la société de manière équilibrée et équitable. Les autorités académiques, les fonctionnaires et le cercle fermé des élites n'auront plus de privilège exclusif sur la prise de décision. Leurs opinions minoritaires seront remplacées par les connaissances de l'ensemble de la population.

Si chaque citoyen peut accumuler des connaissances et de l'expérience dans certains domaines, aucun citoyen n'est en mesure d'acquérir des connaissances et de l'expérience sur absolument tout. Il n'y aura par conséquent plus de classe d'élite universelle. Au lieu de cela, nous aurons différents groupes d'experts ou d'*élites dans leur domaine*, pour chaque domaine spécifique. L'accumulation de connaissances et d'expériences étant un processus progressif et dynamique, ces élites dites « dans leur domaine » ne sont qu'un concept statistique. Il n'y a pas de limite ou de qualification précise qui les distingue du public. Si l'on observe la prise de décision sur une question particulière de manière isolée, les différents niveaux de connaissances et d'expérience entre les citoyens se traduiront par une inégalité du pouvoir de décision entre ceux-ci. L'égalité se reflétera en fait à un niveau plus élevé : tout le monde peut devenir une élite dans les domaines dans lesquels il a travaillé ou étudié, et personne ne peut être une élite dans tous les domaines.

Dans cette optique, il devient une nécessité et une obligation pour la société d'offrir aux citoyens l'égalité des chances en matière d'éducation. Ce n'est qu'ainsi qu'ils auront des chances

équitables de devenir des élites dans les domaines de leur choix,
et par conséquent que l'égalité sociale sera réalisée. Ce sujet sera
développé plus en détail dans le chapitre sur les droits de
l'homme.

Pour notre dernier exemple, imaginez une proposition de
construction d'une zone de stationnement dans une ville qui
nécessiterait l'abattage d'une forêt pour libérer de l'espace. Dans
ce cas, en plus des enjeux et des connaissances objectives,
d'autres facteurs mériteraient d'être considérés. Cette forêt peut
sembler ordinaire à certains habitants, mais pour d'autres, elle
peut avoir été le lieu de nombreux événements importants de
leur vie et être liée à des souvenirs précieux. La maximisation du
bien-être social total étant un objectif ultime de la micro-
démocratie, les liens émotionnels que peuvent avoir certaines
personnes avec certaines choses doivent être honorés. Autrement
dit, les citoyens que la décision impactera plus fortement sur le
plan émotionnel devraient avoir un pouvoir de décision
supplémentaire. Cela étant dit, les facteurs émotionnels peuvent
être difficiles à quantifier. Dans une même situation, des
individus de personnalités différentes peuvent avoir des
réactions émotionnelles d'intensité variable. Heureusement, des
études psychologiques nous ont permis d'y voir plus clair :
généralement, plus les gens passent de temps avec d'autres
personnes, choses ou lieux, plus l'intensité de leur lien
émotionnel avec ces éléments augmente.[5] Cela signifie que
l'intensité émotionnelle d'un lien est en relation positive directe
avec la durée de ce lien. Grâce à son caractère facilement
mesurable, le temps représente un bon critère quantitatif
indirect qui permet d'évaluer les émotions. Pour l'exemple ci-
dessus, nous pourrions donc utiliser la durée de résidence

comme base pour le calcul du pouvoir de décision de chaque citoyen dans les affaires locales.

Des études psychologiques et sociologiques ont révélé que lorsque les gens pouvaient plus ou moins prédire les événements futurs, leur sentiment de sécurité et de bien-être augmentait.[6] En outre, le respect des coutumes et des traditions contribue généralement à la stabilité de la société, qui est elle-même également associée à la durée pendant laquelle ces coutumes et traditions ont perdurées.

Par conséquent, la notion de temps (ou durée), en tant qu'indicateur de substitution approximatif des paramètres émotionnels et ancrage de la stabilité sociale, doit être utilisée afin de déterminer le pouvoir de décision supplémentaire de tel ou tel citoyen dans les affaires locales. Si l'on observe la prise de décision sur une question locale spécifique de manière isolée, une différence dans la durée de résidence entraînerait une inégalité du pouvoir de décision entre les citoyens. Cependant, là encore, l'égalité se reflète au niveau global : chacun accumulera du temps dans sa vie à un rythme égal. Pour chaque citoyen, le temps passé quelque part au cours de leur vie sera toujours compté en années de résidence et aura toujours la même valeur.

Pour garantir davantage l'égalité, une société micro-démocratique doit également garantir aux citoyens la liberté de migration afin qu'ils puissent accumuler leur temps de résidence dans les lieux de leur choix, de manière égale et volontaire. Cette question sera examinée plus en détail dans le chapitre consacré aux *droits de l'homme.*

D'après l'analyse ci-dessus, les principes du droit de vote d'une micro-démocratie peuvent être résumés comme suit :

1. Tous les citoyens votent directement sur chaque proposition relative à une problématique spécifique.

2. Tous les citoyens ont un pouvoir de décision de base égal sur chaque proposition.

3. Les citoyens détiennent un pouvoir de décision supplémentaire (acquis) correspondant au degré d'effet que la décision aurait sur leurs intérêts propres.

4. Les citoyens disposent d'un pouvoir de décision supplémentaire correspondant à leur niveau de connaissances et d'expérience dans les domaines associés à la problématique spécifique.

5. Les citoyens disposent d'un pouvoir de décision supplémentaire correspondant à leur durée de résidence cumulée dans le lieu auquel la problématique/question spécifique est associée.

6. Le pouvoir de décision final de chaque citoyen sur une proposition relative à une problématique spécifique est la somme de ses pouvoirs de décision de base et de ses divers pouvoirs de décision acquis.

7. Tous les citoyens ont les mêmes droits et les mêmes possibilités d'acquérir divers pouvoirs de décision supplémentaires.

8. La résolution est déterminée par la somme du poids des voix reçues pour chaque réponse à la proposition.

Pour comprendre comment fonctionne une micro-démocratie, imaginons une nation fictive, le *Vianland*, dans laquelle chaque citoyen a accès au système national de micro-démocratie, pour voter et pour effectuer d'autres actions, via un appareil électronique personnel.

Pour toute proposition, le poids du vote de chaque citoyen est calculé individuellement en fonction de sa situation personnelle.

Dans un premier temps, chacun détient inconditionnellement une voix de base de 1,0. Si l'éventuelle résolution de cette proposition présente des impacts apparents sur le plan de la proximité des intérêts pour différents citoyens, ces citoyens se voient obtenir alors un poids de vote supplémentaire en conséquence. Par exemple, pour une proposition concernant l'exploitation d'un champ pétrolier, les résidents situés dans un rayon de 15 kilomètres autour du site de forage détiennent une voix supplémentaire de 1,0. Les résidents situés dans un rayon de 7 kilomètres détiennent une voix supplémentaire de 2,0. Et les résidents situés dans un rayon de 2 kilomètres détiennent une voix supplémentaire de 3,0. Si des connaissances et expériences peuvent contribuer de manière significative à la qualité de la prise de décision, les citoyens qualifiés bénéficient d'un poids de vote supplémentaire. Cette proposition traitant de l'exploitation de champs pétrolifères, les citoyens titulaires d'une licence en extraction pétrolière, en protection de l'environnement ou en technologie énergétique disposent de 0,5 voix supplémentaire ; ceux titulaires d'une maîtrise disposent d'une voix supplémentaire, et ceux titulaires d'un doctorat disposent de 1,5 voix supplémentaire. De même, les personnes ayant 5 ans d'expérience dans un secteur connexe disposent de 0,5 voix supplémentaire, celles ayant 10 ans d'expérience disposent d'une voix supplémentaire et celles ayant plus de 10 ans d'expérience disposent d'1,5 voix supplémentaire. Pour les citoyens ayant à la fois un diplôme universitaire et une expérience professionnelle, le poids de leur vote supplémentaire est la somme des deux. Si une personne réside à proximité du site de forage, elle dispose également d'un poids supplémentaire en fonction de sa durée de résidence, à raison de 0,5 voix de plus par an. Sur la base des règles ci-dessus, le poids du vote de chaque citoyen sur la proposition est la somme de tous les poids de vote ci-dessus :

Poids final du vote =

poids du vote de base +

poids supplémentaire de vote relatif à la proximité de l'intérêt +

poids supplémentaire de vote relatif à la connaissance-expérience + poids supplémentaire de vote relatif à la durée de résidence

Ou plus simplement :

Poids final du vote =

poids de base +

poids du facteur intérêts +

poids du facteur connaissance +

poids du facteur temps

La décision est déterminée par la somme des poids totaux de chaque vote pour chaque réponse, reçus de la part de tous les électeurs.

Il est important de noter que les règles de calcul et la formule des poids de votes dans les exemples ci-dessus sont simplement destinées à démontrer les principes et les mécanismes d'une micro-démocratie. Elles ne constituent en aucun cas la configuration la plus raisonnable ou la plus appropriée. Cette déclaration s'applique à tous les exemples concernant le *Vianland* dans ce livre, sauf indication contraire.

Lors de la construction d'un véritable système de micro-démocratie, la combinaison de différentes règles et formules détermineront l'orientation des politiques publiques et auront un fort impact sur la formation et le développement de la société. Comme nous le verrons en détail dans les chapitres suivants, grâce aux mécanismes d'autoadaptation et de retour d'information de la micro-démocratie, ces configurations seront continuellement révisées au fil du temps et de l'évolution de la société. Celle-ci entrera alors dans un cercle vertueux infini d'auto-optimisation. Cette diversité et cette dynamique apporteront une vitalité extraordinaire à la société, lui permettant de se développer et de se renouveler indéfiniment. À terme, des modèles d'organisation sociale optimaux émergeront de cette compétition pacifique. L'étude de ces configurations et mécanismes d'évolution constituera une branche à part entière de la future discipline de gestion politique, dont on discutera plus en détail plus loin dans ce livre.

Pour distinguer l'autodétermination de la détermination de masse, il est nécessaire de limiter la portée de la prise de décision à laquelle les citoyens peuvent participer. Tous les pays du monde ont aujourd'hui mis en place une certaine division et hiérarchie des pouvoirs par zone. La décomposition et la distribution des échelons administratifs niveau par niveau permettent la mise en oeuvre des politiques centrales et, dans le même temps, accorde certains degrés d'autonomie au niveau régional. Dans une micro-démocratie, les considérations d'équité et de rationalité viennent en premier lieu et l'efficacité de l'exécution en second lieu lors de l'organisation de la division des pouvoirs par zones. Nous en présentons ici seulement le concept, mais vous trouverez une discussion détaillée traitant de la formation et de la division des zones administratives dans le chapitre traitant de la *Loi*.

Le mécanisme de poids de vote évoqué précédemment vise à améliorer l'égalité dans la prise de décision démocratique. Pour qu'il fonctionne réellement, il faut veiller à ce que les citoyens ne participent qu'aux votes concernant des problématiques « connexes » et non « quelconques ». Empêcher les citoyens d'influencer les décisions relatives à des problématiques qui ne les concernent pas est vital à l'assurance de l'équité des décisions démocratiques. En effet, la cause profonde de la « tyrannie de la majorité contre la minorité » est l'ingérence des citoyens dans des questions qui ne les regardent pas. Cette situation se produit si fréquemment qu'elle s'apparente maintenant à une « tyrannie de la majorité contre la majorité ». Chacun s'étant probablement retrouvé victime un jour ou l'autre de cette tyrannie au travers de certaines décisions, tandis qu'il en est l'auteur pour d'autres.

Dans un système de vote micro-démocratique, les règles de pondération relatives à la proximité des intérêts régleraient, dans une certaine mesure, le problème évoqué ci-dessus. Pour les décisions concernant les affaires internes d'une ville en revanche, même si les résidents locaux ont un poids plus important dans le vote, ce poids peut difficilement compenser la masse de votes de faible poids de la population totale du pays. Par conséquent, pour que le mécanisme de poids de vote fonctionne efficacement, il reste nécessaire d'isoler le champ de décision en fonction de sa pertinence pour chaque électeur. Dans le même temps, il convient d'éviter toute simplification excessive du processus afin que les personnes sur qui les politiques publiques feront effet ne soient pas exclues du processus décisionnel.

Pour continuer dans l'exemple, supposons qu'une ville envisage de creuser un grand lac pour aménager l'environnement. À première vue, cela semble n'être qu'une affaire locale. Par conséquent, seuls les habitants de la ville ont un droit de vote sur la question. Mais si la construction du lac devait entraîner une modification du débit de la rivière voisine, affectant l'irrigation agricole dans les zones en aval, cela deviendrait une affaire régionale de plus grande envergure, et la population agricole en aval devrait alors participer au vote. En outre, si le projet nécessite un financement national, la décision devient alors une affaire nationale et tous les citoyens peuvent participer au processus décisionnel. La question de savoir s'il convient d'accorder un poids supplémentaire au vote des anciens résidents mérite également d'être examinée.

Dans certaines circonstances, des cercles virtuels pourraient être formés pour des problématiques qui dépassent les frontières géographiques. Par exemple, les seniors de tout le pays pourraient décider des affaires concernant les personnes âgées, à condition que les droits des citoyens d'autres tranches d'âge ne soient pas affectés. Les citoyennes de tout le pays pourraient prendre des décisions concernant les affaires des femmes si les droits et les intérêts des différents sexes ne sont pas affectés. Les résidents de la région côtière pourraient prendre des décisions sur les questions de protection de l'environnement marin, pour autant que les droits et les intérêts des résidents de l'intérieur ne soient pas affectés. En plus des innombrables situations théoriques de divisions de prise de décision, les groupes sociaux et les communautés internationales pourraient tous appliquer ces méthodes de prise de décision démocratique bien au-delà des pouvoirs de l'État.

Compte tenu de ces circonstances additionnelles, les principes de base du vote micro-démocratique peuvent être définis de manière encore plus abstraite :

1. Les personnes concernées par une problématique spécifique sont habilitées à participer aux décisions qui lui sont relatives et sont appelées les électeurs concernés.
2. Les électeurs concernés ont tous le même poids de vote de base sur la question.
3. Les électeurs concernés jouissent d'un poids supplémentaire pour leur vote, sur la base de principes raisonnables et de règles égales.

4. Le poids final du vote des électeurs concernés sur la question est la somme des poids des votes de base et des divers poids supplémentaires.

5. La résolution est déterminée par le poids total des votes pour chaque réponse.

 # La Délégation

Dans un système micro-démocratique, des problèmes pratiques surgissent lorsque les citoyens détiennent un pouvoir de vote direct sur les questions concernant toutes les affaires publiques. Il y a tellement de questions qui exigent de mobiliser son attention, sur les plans du temps, de l'énergie, de l'information et des connaissances, que toutes dépassent de loin la capacité de discernement des citoyens ordinaires. Cela peut compromettre la qualité des décisions prises. Des agents professionnels organisés ou des institutions loyales envers les intérêts publics seraient certainement d'une grande aide dans ce genre de situations. C'est le rôle que doivent jouer les hommes politiques et les partis politiques d'aujourd'hui. Malheureusement, le système de démocratie représentative, fatalement défaillant, a progressivement rendu la prise de décision totalement inadéquate.

Dans une démocratie représentative, seuls les représentants et les fonctionnaires du gouvernement ont accès aux informations, aux ressources et aux pouvoirs suffisants pour pouvoir prendre des décisions en connaissance de cause. Les citoyens lambda ne peuvent qu'accepter les décisions que ces représentants prennent aveuglément et passivement. Comme évoqué dans le premier chapitre, lorsque les citoyens votent, ils abandonnent automatiquement leur pouvoir de décision sur les problèmes réels et transfèrent leurs pouvoirs nominaux aux élus. Un tel transfert de pouvoir forme en fait une relation de délégation entre les citoyens et les agents politiques. Malheureusement, la délégation de pouvoir au sein d'une démocratie représentative est immorale et ce, pour les raisons suivantes :

Premièrement, la relation de délégation entre les citoyens d'une démocratie représentative et leurs élus est compulsive. Que le dernier élu soit ou non le candidat pour lequel un citoyen ait voté, et que le citoyen soit ou non disposé à déléguer son pouvoir de décision à qui que ce soit au départ, une telle relation de délégation sera imposée au peuple de toute manière. Les conditions de la délégation, telles que les pouvoirs et les modalités transférés, sont toutes conçues par les délégués précédents. Sauf situation exceptionnelle, il est pratiquement impossible pour les électeurs d'annuler ou de modifier la délégation avant la fin du mandat du délégué. Les règles et les conditions de la relation de délégation étant imposées au peuple, une telle relation ne repose sur aucun fondement moral.

Sous certains régimes autocratiques qui feignent d'être une démocratie représentative, les dirigeants peuvent facilement priver les dissidents de leur qualité de candidat en contrôlant les médias, en manipulant des procédures légales et en restreignant les modalités électorales. Seuls ceux qui plaisent au groupe détenant le pouvoir sont autorisés à entrer dans l'organe représentatif. Il est évident qu'une telle institution représentative n'est pas qualifiée pour représenter véritablement le peuple, et qu'elle est également incapable de répondre aux humeurs du public comme l'exigerait une délégation efficace. Les soi-disant représentants sont alors une légion de marionnettes dont les dirigeants n'ont qu'à tirer les ficelles. Dans un système administratif fermé, le pouvoir de décision est fermement détenu par le groupe dirigeant. Le processus de démocratie représentative n'est lui qu'un spectacle cérémoniel. La véritable fonction de ce rituel est de transférer le pouvoir politique nominal des citoyens, par le biais de procédures juridiques formelles, de l'organe représentatif au système administratif via lequel la volonté du dirigeant peut régner librement. Il assure également une protection juridique aux actes autoritaires du gouvernement, en balayant la capacité de la résistance civile à s'exercer dans un cadre légal. Il est évident qu'en dépit d'une procédure soigneusement élaborée, ce système pseudo-représentatif n'a aucune légitimité morale.

Deuxièmement, la relation de délégation entre les citoyens et leurs représentants dans une démocratie représentative est aveugle. Quand les citoyens votent, ils ne savent pas si le candidat qu'ils ont choisi respectera ses engagements de délégué dans ses décisions futures, car il n'existe aucun mécanisme efficace permettant de garantir une telle loyauté.

La qualification des candidats est soumise à de nombreuses exigences, notamment en ce qui concerne le financement de leur campagne, et la lourdeur de ces procédures empêche la plupart des citoyens d'y accéder. Le nombre de candidats est donc disproportionnellement bas par rapport à la population totale. Cela laisse peu de marge aux citoyens pour prendre des décisions en connaissance de cause et les oblige à choisir à l'aveugle parmi un petit ensemble de choix imparfaits. Cette cécité, par ailleurs, amplifie remarquablement les effets du marketing, de « l'emballage » et de la publicité, ce qui renforce encore la dépendance des candidats vis-à-vis de leurs soutiens financiers, et l'influence de leurs sponsors (plutôt que des électeurs) sur leurs décisions.

Le pouvoir des représentants est trop large et empêche les électeurs d'évaluer de manière adéquate la capacité de représentation des candidats. Comme il est impossible pour les candidats d'avoir les connaissances et l'expérience suffisantes pour couvrir tous les domaines décisionnels potentiels, il est inutile de les choisir en fonction de leur formation et de leur expertise dans tel ou tel domaine. Au lieu de cela, les électeurs se concentrent sur le bon sens, la personnalité, l'identité, la popularité et, souvent, l'apparence des candidats. Dans ce cas de figure, même si l'élu est un modèle de vertu et de sagesse, ses connaissances resteront toujours insuffisantes. Les électeurs ne peuvent ainsi jamais avoir réellement confiance dans la prise de décision avec un tel système. Il est par ailleurs très peu probable qu'ils trouvent l'un des candidats idéal car il partagerait les mêmes positions qu'eux sur tous les sujets, ce qui rend la confiance limitée dès le départ. En outre, la plupart des problématiques futures étant par nature imprévisibles au moment de l'élection, il est presque impossible d'évaluer au préalable l'adéquation des compétences ou des opinions personnelles des candidats.

Le mensonge est un mode de vie en politique, et plus encore pour la démocratie représentative. De nombreuses promesses ne sont jamais tenues après les élections. Dans certains cas, c'est simplement car les candidats avaient une vision trop optimiste et irréaliste. Dans d'autres cas, c'est le résultat de leur malhonnêteté habituelle. L'absence de mécanisme permettant au peuple d'initier quelconque action en conséquence lui empêche de faire quoi que ce soit à ce sujet. La frustration et un sentiment d'impuissance peuvent éroder la confiance et l'enthousiasme que de nombreux citoyens placent dans la politique démocratique, ce qui peut les pousser à adopter une attitude cynique et spectatrice. Le cercle vicieux prend alors forme : des groupes représentant des intérêts particuliers manipulent le processus politique et provoquent une attitude complaisante et négative chez les gens, rendant la manipulation d'autant plus aisée. Avec le temps, la société perd confiance et devient passive, soumise, cynique et autodestructrice. Lorsque l'attitude positive et l'esprit de participation du public sont refoulés et se dégradent, l'ordre social ne peut être maintenu que par la force, ce qui conduit finalement à l'apparition d'un « État policier démocratique ».

D'une part, la délégation joue un rôle essentiel dans la prise de décision. D'autre part, cette délégation nécessaire à la démocratie représentative comporte de graves failles. La micro-démocratie doit donc reconstruire de nouveaux mécanismes de délégation qui assurent l'efficacité et la qualité de la prise de décision tout en évitant tous les défauts du système représentatif. Ce nouveau mécanisme est appelé *délégation dynamique*. Voici comment il fonctionne :

Les citoyens peuvent choisir librement parmi les trois méthodes suivantes pour voter sur toute proposition :

La première méthode est la *délégation préétablie*, selon laquelle les délégations sont déterminées par des règles prédéfinies par les citoyens. Ces règles sont des combinaisons de dispositions de proposition et de sélections des délégués.

La règle de délégation la plus simple est la délégation inconditionnelle. Par exemple, un citoyen peut donner tout son poids de vote à un dirigeant politique en vertu d'une profonde admiration pour lui. Un citoyen peut également choisir de déléguer tout son pouvoir de décision à son meilleur ami qui partage les mêmes intérêts et opinions que lui.

Des règles de délégation plus complexes peuvent introduire certaines dispositions, telles que des catégories de problématiques ou des régions géographiques. Par exemple, en vertu de contraintes de règles relatives à la dimension d'un contenu, un citoyen peut utiliser une règle pour déléguer son pouvoir de décision sur les questions économiques à un économiste, et utiliser une autre règle pour déléguer son pouvoir sur les questions d'éducation à un professeur renommé. De même, pour la dimension géographique, le citoyen peut, avec une règle, déléguer son pouvoir de décision sur les affaires communautaires à un ancien du quartier, et avec une autre règle, déléguer à un expert de l'administration de cette région les propositions concernant des domaines plus larges.

Les règles de délégation les plus complexes combinent de multiples conditions, qui rejoignent généralement des conditions catégorielles et géographiques. Ces combinaisons de conditions constituent des contraintes là où la règle s'applique, appelées *champ d'application de la décision*. Par exemple, via une règle, un citoyen peut déléguer ses pouvoirs de décision en matière de sécurité communautaire à un policier de la ville qui connaît bien la situation locale, et via une autre règle, déléguer à un juge de haut rang de la région le pouvoir de décider des questions juridiques régionales.

Pour un individu, plus les règles de délégation prédéfinies sont nombreuses, plus il est probable que les champs de décision des règles se chevauchent. En cas de chevauchement, certains principes de hiérarchisation doivent déterminer la règle à appliquer à une problématique spécifique. Le plus souvent, il est possible de voir émerger un ordre de priorité naturel entre les règles. Les règles dont les champs d'application sont plus stricts et plus spécifiques doivent être prioritaires sur celles qui sont plus générales. Par exemple, si un citoyen définit une règle de délégation inconditionnelle et une autre règle spécifique aux sujets économiques, cette dernière est alors plus appropriée pour les propositions économiques. Si ce citoyen définit une troisième règle de délégation ciblant ces questions économiques pour une région particulière, alors cette troisième règle est sans doute la plus appropriée à appliquer pour les propositions économiques dans cette région.

Parfois, la règle ayant la priorité n'est pas forcément évidente. Pour éviter toute incertitude et tout malentendu, une personne peut explicitement, elle-même organiser le classement de priorité des règles qu'elle a définies. Par exemple, un citoyen peut fixer des règles distinctes pour les sujets économiques et juridiques. Toutefois, pour une proposition qui serait à cheval sur deux domaines et qui intègrerait à la fois des facteurs économiques et juridiques, un classement de priorité prédéfini peut aider à résoudre l'ambiguïté.

La deuxième méthode est assez simple et s'appelle la *délégation temporaire* : pour répondre à proposition spécifique, une personne peut explicitement désigner un délégué. La différence entre la délégation préétablie et la délégation temporaire est que la première est fondée sur des règles pouvant éventuellement s'appliquer à différentes propositions au fil du temps, tandis que la seconde s'applique à une seule proposition spécifique et pour une seule fois. En raison de cette spécificité, les délégations temporaires ont une priorité plus élevée que les délégations préétablies. Prenons l'exemple d'un citoyen qui délègue son pouvoir de vote pour des propositions agricoles à un agronome bien connu par le biais d'une règle de délégation préétablie. Pour une proposition spécifique de politique semencière, il préfère peut-être se fier à l'avis d'un ami agriculteur. Par conséquent, le citoyen délègue son pouvoir de vote pour cette proposition à son ami agriculteur par le biais d'une délégation temporaire. Dans ce cas, sa délégation continue à être transmise à l'agronome pour toutes les autres questions agricoles, conformément à la règle de délégation préétablie.

La troisième méthode est le *vote direct*, c'est-à-dire la méthode par lequel le citoyen peut voter directement, par lui-même. C'est la réalisation la plus simple et la plus fidèle du pouvoir démocratique et c'est le fondement d'une micro-démocratie. Elle est la plus prioritaire de toutes les méthodes.

Dans un système de micro-démocratie, les citoyens peuvent ajuster les paramètres de leur délégation à tout moment, car ils ne sont plus confinés à un calendrier électoral. Toutes sortes de propositions sont traitées en continu par le système tout au long de l'année, chacune ayant son propre délai de vote. Quand un citoyen vote directement avant la date limite, son poids dans le vote pour la proposition est directement comptabilisé dans le résultat final. Si le citoyen ne vote pas avant la date limite, le système de micro-démocratie détermine automatiquement son délégué pour cette proposition sur la base de ses paramètres de délégation actuels, et le poids du vote du citoyen pour cette proposition est transmis au délégué identifié. Le poids final du vote du délégué est la somme de son propre poids et de celui qui lui est transmis par délégations.

Ce système élimine tous les défauts de la délégation dans la démocratie représentative :

Premièrement, des mandats de délégation comme on peut les voir dans la démocratie représentative n'existent pas ici. Pour toute proposition, jusqu'à la dernière seconde du délai pour voter, les citoyens peuvent choisir librement entre voter directement par eux-mêmes ou déléguer leur voix à une autre personne. Ils ont un contrôle total sur l'opportunité de déléguer ou non, et sur la manière dont les délégués sont désignés. Les citoyens ont donc toujours la possibilité de désigner les délégués qui représentent le plus fidèlement leurs intérêts et leurs volontés à un moment donné. Cela règle le problème des démocraties représentatives, où les citoyens sont obligés de transférer le pouvoir aux élus, indépendamment de leurs choix lors du vote. Cela empêche également les politiciens de gagner une élection en escroquant les gens puis de séquestrer l'opinion publique pendant tout leur mandat. Avec la micro-démocratie, toute mauvaise conduite du délégué peut entraîner la révocation immédiate de la délégation, et ceux qui perdent leur crédibilité perdent toute influence sur l'élaboration des politiques publiques. Avec le temps, les citoyens trouveront de véritables élites honnêtes, professionnelles et sages, et leur accorderont un pouvoir de décision croissant via la délégation. Ce mécanisme de rétroaction, sensible et continu, améliorera considérablement l'intégrité globale de la politique démocratique.

Deuxièmem ent, il est également possible grâce à la micro-démocratie d'éviter la cécité des délégations observée dans les démocraties représentatives. Les citoyens pouvant affecter différents délégués à des propositions concernant différents champs de décision, il va de soi que la préoccupation première en matière de délégation porte sur la relation entre les qualifications du délégué et la problématique elle-même, plutôt que sur la personnalité et l'identité du représentant. Cela améliorera considérablement la qualité des décisions.

Dans le système de la micro-démocratie, les délégués se répartissent en quatre catégories :

1.   Électeur ordinaire

La grande majorité des citoyens. Ils votent directement sur les propositions qu'ils soumettent ou délèguent à d'autres. Ils peuvent parfois recevoir des délégations d'autres citoyens, mais leur vie n'est pas principalement axée sur la politique.

2.   Leader politique

Un petit nombre d'activistes politiques parmi les citoyens. Leurs droits civils ne sont pas différents de ceux des électeurs ordinaires, si ce n'est que leur vie est principalement axée sur la politique. Ils sont plus influents dans l'élaboration des politiques sociales car ils obtiennent des poids supplémentaires dans leurs votes de la part d'autres citoyens par le biais de délégations. La fonction de leader politique n'est pas une qualification ou une profession, mais plutôt un rôle dans la vie politique démocratique. Un citoyen peut agir en tant qu'électeur ordinaire à certaines étapes de sa vie ou dans des domaines décisionnels spécifiques, tandis qu'à d'autres étapes de sa vie ou domaines décisionnels, il peut être amené à participer activement aux activités d'élaboration des politiques et être ainsi considéré comme un leader politique. Les leaders politiques qui réussissent deviennent généralement très populaires, reçoivent beaucoup de délégations et des poids de vote en conséquence, et s'engagent à plein temps dans la prise de décisions relatives aux affaires publiques. Bien entendu, la frontière entre un leader politique type et un électeur ordinaire est floue, mais cette distinction n'est pas importante pour la discussion qui suit.

3.   Agence de consultation politique

Les organisations politiques inscrites dans le système micro-démocratique. Elles ne possèdent pas de poids de vote elles-mêmes, mais peuvent accepter des délégations de citoyens et voter en leur nom. Les agences de consultation politique doivent déclarer et enregistrer les domaines de décision qu'ils servent, appelés *domaines de consultation politique*.

4.   Parti politique

Une catégorie spécifique de l'agence de consultation politique. Ils sont tenus de voter sur toutes les propositions relevant de leur domaine de consultation politique, qu'ils bénéficient de délégation ou non. En tant que parti politique d'un type unique, lorsqu'un parti politique déclare que son domaine de consultation politique couvre tous les domaines possibles au sein d'une région administrative particulière, il est appelé *Parti politique régional primaire*. Si un tel parti déclare en outre que sa région de service est illimitée ou mondiale, il est alors appelé *Parti politique primaire mondial* ou, en abrégé, *Parti primaire*.

Les leaders politiques, les organismes de consultation politique et les partis politiques existent toujours dans un système de micro-démocratie. L'élaboration des politiques est une discipline complexe qui nécessite des recherches organisées et le travail acharné de professionnels dévoués. Les institutions telles que les agences de consultation politique et les partis politiques peuvent non seulement organiser et coordonner ces tâches professionnelles, mais aussi agir en tant que porte-parole des citoyens. Bien que la délégation à des agences de consultation politique ou à des partis politiques ne soit pas obligatoire dans une micro-démocratie, voter sur toutes les propositions représente une charge de travail énorme pour les citoyens, et il n'est pas facile non plus de trouver des délégués individuels idéaux pour chaque domaine de décision. Dans ce contexte, pour les citoyens ordinaires, la délégation de leurs pouvoirs de vote à des organismes de consultation politique et à des partis politiques fiables s'avère être une solution tout à fait raisonnable.

Il convient de souligner que dans un système de micro-démocratie, la délégation aux agences de consultation politique et aux partis politiques est fondamentalement différente de la délégation dans d'autres systèmes politiques.

Avec la démocratie représentative et la plupart des systèmes politiques modernes, la répartition du pouvoir entre les partis politiques est exclusive. Pour un citoyen, le choix du parti politique est également limité à un seul et unique parti. Cette forte exclusivité conduit inévitablement à des confrontations intenses, provoquant des divisions artificielles entre les gens, et les tensions et les conflits constants deviennent la norme dans la société. Avec une telle atmosphère d'hostilité, les citoyens sont anxieusement à la recherche de leur identité afin de s'assurer un sentiment d'appartenance et de sécurité, et sont plus étroitement liés aux partis politiques. Cette situation conduit à la domination absolue des partis politiques sur les citoyens, et instaure une relation d'obéissance plutôt que de services. Cette relation malsaine et anti-démocratique portée par les partis politiques les condamne à adopter un comportement collectiviste. Sans précaution ni correction délibérée, cette situation fragilise lentement mais sûrement une société ouverte, jusqu'à ce qu'elle se retrouve victime d'autoritarisme. Il semble alors qu'un système démocratique composé de partis politiques inter-exclusifs soit en soi ce qui menace le plus, et de manière cachée, une société démocratique.

Dans un système de micro-démocratie, les citoyens ont un contrôle total sur leurs délégations. Ils peuvent déléguer leur pouvoir de vote à tout moment, en tout lieu et à toute condition qu'ils définissent, et à toute personne en qui ils ont confiance. La relation entre les citoyens et les partis politiques est non exclusive, et ce sont donc les citoyens qui ont le pouvoir. La nature décentralisée et dynamique des règles de délégation de la micro-démocratie rend inutile l'accumulation et la consolidation du pouvoir. Par conséquent, pour les partis politiques, l'objectif n'est plus de s'emparer d'un pouvoir exclusif, mais plutôt de parvenir à des résolutions conformes à la vision et aux valeurs du parti. Ce n'est qu'en restant fidèle à son idéologie et en servant véritablement ses soutiens qu'un parti politique peut maintenir une influence politique stable et durable. Pour atteindre cet objectif, collaborer avec les autres partis politiques devient alors un choix plus efficace que les confronter. Les tensions entre les partis politiques s'en trouvent alors apaisées, ce qui permet de faire émerger une attitude constructive et coopérative au sein de la société. Les agences de consultation politique et les partis politiques jouent également un rôle clé dans les procédures de prise de décision de la micro-démocratie, qui seront présentées dans le chapitre sur la procédure.

Lorsque tout le monde peut déléguer son pouvoir librement, le *relais de délégation* devient inévitable. Par exemple, le citoyen A délègue son pouvoir de vote pour une proposition au citoyen B, et le citoyen B transfère son pouvoir de vote au citoyen C. Ainsi, un relais de délégation se forme. Dans ce cas, le poids du vote du citoyen A est transféré au citoyen C par le citoyen B, et le citoyen C détient alors le poids total des votes des trois citoyens. Le citoyen C peut alors choisir de voter directement lui-même, ou de continuer à transmettre ces poids de vote à d'autres. Ce mécanisme de relais offre aux citoyens lambda une flexibilité et contribue à transférer le pouvoir de vote à de meilleurs décideurs. Il introduit toutefois également de la complexité dans le traitement des voix.

Dans ce cas de figure, une *boucle de délégation* peut se former, par exemple si le citoyen C délègue à nouveau son pouvoir de vote au citoyen A. Dans cette situation, tous les membres de la boucle peuvent être amenés à supposer à tort que quelqu'un d'autre votera directement pour eux. Au final, personne ne prend de mesure pour pallier ce problème, ce qui entraîne l'annulation du poids de leurs votes. Ce n'est évidemment pas intentionnel lorsqu'ils définissent leurs règles de délégation. Un système micro-démocratique doit donc être capable de détecter l'apparition de cette situation et ainsi procéder automatiquement à des ajustements. Par exemple, il peut informer le citoyen lorsque cette boucle apparaît. En attendant que le citoyen la corrige, le système peut temporairement sauter les règles de délégation impliquées dans la boucle et appliquer la règle de délégation suivante du classement des priorités.

Un autre scénario possible est celui de la *délégation nulle*. Si en raison d'une maladie grave, d'un décès ou pour d'autres raisons, le citoyen C ne peut pas voter, les règles de délégation du citoyen B associées au citoyen C deviennent nulles. Un système de micro-démocratie doit informer les citoyens concernés dès qu'il détecte une telle situation, sauter temporairement les règles correspondantes et appliquer la règle suivante du classement des priorités jusqu'à ce que la situation soit résolue ou que le citoyen apporte les corrections nécessaires. Lorsqu'une règle de délégation devient définitivement nulle, le système de micro-démocratie doit en informer les citoyens concernés et les révoquer automatiquement.

Le dernier scénario plausible est celui du *vide de délégation*. Si, après avoir sauté toutes les règles nulles, il ne reste plus aucune règle applicable parmi les règles de délégation préétablies du citoyen B, le poids des votes des citoyens A et B peuvent être rejetés, à moins que le citoyen B ne vote directement avant la date limite. Bien que la solution la plus simple soit de la traiter comme une abstention, une forte prévalence de cette situation peut entraîner une paralysie complète du système décisionnel. Il vaut donc mieux mettre en place un système fiable qui garantisse le vote. Une bonne solution consiste à demander à chaque citoyen de fixer une *règle de garantie de délégation* supplémentaire ayant la priorité la plus faible, qui délègue son pouvoir de vote à un parti primaire. Les partis primaires étant obligés de voter sur toutes les propositions pour l'ensemble des domaines de décision, cela évitera que la délégation soit vide. Pour les situations extrêmes, telles que la dissolution d'un parti primaire, des mesures supplémentaires peuvent être prises. Par exemple, en se basant sur les statistiques des données de délégation de l'ensemble de la société, une micro-démocratie peut tenir un classement dynamique de tous les partis politiques primaires et peut déterminer des règles de garantie de délégation par défaut pour tous les citoyens sur la base de ce classement. Ainsi, tant qu'un parti politique primaire mondial opère, un vide de délégation sera impossible.

En plus des réseaux entre citoyens, les relais de délégation peuvent également s'étendre aux agences de consultation politique et aux partis politiques. Ces relais de délégation permettent en général d'améliorer la qualité de la prise de décision. Les agences de consultation politique n'expriment pas seulement leurs propres opinions, mais regroupent également des points de vue provenant d'autres sources en vertu de certains principes et stratégies. Ce faisant, ils représentent une position politique complète et globale dans le processus décisionnel, ce qui leur fait obtenir davantage de délégations de citoyens. Il est toutefois nécessaire d'appliquer à ce système certaines contraintes afin d'éviter que les relations entre les délégations ne deviennent trop compliquées et ingérables. Par conséquent, toute *délégation inversée,* telles que les délégations d'organismes de consultation politique aux citoyens, de partis politiques aux citoyens ou de partis politiques aux organismes de consultation politique, doit être évitée car elle entraînera une complexité et une confusion excessives, voire une autocratie cachée.

Puisque les partis politiques doivent voter indépendamment sur toutes les propositions dans leurs domaines de consultation politique enregistrés, ils n'ont pas besoin de déléguer. Le système a besoin que les partis politiques fonctionnent comme des groupes de réflexion stables et compétents dans l'élaboration des politiques et, en même temps, il doit éliminer les abstentions involontaires, à savoir les vides de délégation. Les partis politiques doivent voter sur chaque proposition au plus tard à la date limite de vote, qu'ils aient reçu ou non une délégation confirmée. Les citoyens pouvant à tout moment modifier les règles de leur délégation, il est théoriquement toujours possible pour le parti politique de recevoir des délégations de vote rendant leur vote effectif. En revanche, même sans délégation effective, les historiques de vote des partis politiques peuvent permettre aux citoyens de connaître leur position politique, leur niveau d'expertise et la façon dont ils prennent des décisions.

Dans le cadre d'une démocratie représentative, les représentants et les fonctionnaires du gouvernement monopolisent les décisions législatives et administratives. Ils sont tous salariés du gouvernement et collaborent au sein d'un même cercle intérieur fixe. Naturellement, ils forment une caste visant à protéger leurs intérêts communs. Lorsqu'ils sont en position de force, cette caste tend à utiliser son autorité dans le but d'en tirer des gains personnels. Quand ils sont faibles, ils sont facilement influencés et contrôlés par d'autres groupes d'intérêts particuliers. Cette caste ayant tendance à fonctionner de manière rigide et étroite, elle perd progressivement son lien avec les personnes qu'elle était censée représenter. Dans les démocraties modernes, des mécanismes de contrôle et d'équilibre comme la séparation des pouvoirs ont été mis en place afin de pallier cette éventualité. Cependant, si ce mécanisme ne fonctionne que dans un cercle fermé composé des mêmes politiciens parasites, qui s'échangent les postes et leur pouvoir, cet instrument n'aboutira à rien et les politiciens ne feront qu'user de tricherie pour aveugler le public.

Comme des aimants, plus le pouvoir et les intérêts sont concentrés, plus ils s'attirent mutuellement. L'augmentation et l'expansion de leur pouvoir étant des objectifs inhérents aux partis politiques, leur succès attirera toujours les riches qui cherchent à former des alliances ou à obtenir des faveurs. Les partis les plus dociles deviendront leurs marionnettes, et les partis les plus forts construiront simplement eux-mêmes un complexe politico-économique. Cette tendance augmentera inévitablement le fossé entre les partis politiques et les masses, en particulier pour les partis au pouvoir depuis longtemps. Avec le temps, la relation entre les deux se dégradera qualitativement et ne pourra être maintenue que par le mensonge et la force. Plus un parti reste longtemps au pouvoir, plus cette relation se dégrade, et plus la culture du parti au pouvoir gagne en corruption et en hypocrisie.

La concentration excessive du pouvoir, la stabilité et la fermeture de la classe dirigeante sont, comme nous l'avons vu, à l'origine des problèmes. La micro-démocratie abandonne entièrement cette structure de pouvoir propre aux anciens systèmes. À sa place, un nouveau mécanisme de délégation distribue le pouvoir politique dans toutes ses dimensions par le biais d'un flux en constant renouvellement, de sorte que le pouvoir ne s'accumule nulle part et que la corruption ne s'enracine nulle part.

Un nouveau mécanisme de récompense est nécessaire au bon fonctionnement de ce nouveau système politique, afin que les participants à la prise de décision en matière d'affaires publiques reçoivent le soutien financier dont ils ont besoin pour pouvoir se consacrer à temps plein à leur mission de contribution, et que l'ensemble du système puisse fonctionner sainement et en continu. Dans une société micro-démocratique, la recherche, le débat et le vote sur les propositions relatives aux affaires publiques sont tous considérés comme un type spécifique de service public. Pour les citoyens, s'engager dans un tel travail est une obligation civile essentielle permettant d'assurer le bien-être et la sécurité sociale. Un système micro-démocratique n'oblige d'ailleurs pas les citoyens à effectuer ce travail eux-mêmes. Si un citoyen ne veut pas ou ne peut pas voter seul, il peut laisser quelqu'un d'autre le faire à sa place par délégation. Cependant, si voter pour sa propre voix est une obligation civique, voter pour les autres est alors un service public et doit être récompensé.

Pour chaque vote, le délégué qui émet le vote direct reçoit une compensation proportionnelle au nombre de délégations reçues. Par exemple, pour une proposition donnée, le citoyen A délègue son poids de vote au citoyen B, qui délègue à son tour son poids de vote au citoyen C. Si le citoyen C vote directement, le poids de vote final qu'il attribue à cette proposition est le total des poids de vote des trois citoyens. Il peut également recevoir des compensations pour avoir aidé les citoyens A et B à voter. On peut approfondir cet exemple en faisant participer un parti politique : si le citoyen C délègue au parti X au lieu de voter directement et que le citoyen D délègue également ses poids de vote au parti X, le parti X détient alors le total des poids de vote des quatre citoyens (citoyens A, B, C et D) et doit être compensé pour cela après avoir voté.

Pour éviter que l'argent n'influence le choix des méthodes de vote des citoyens, cette compensation financière est versée par le gouvernement dans le cadre du coût de fonctionnement du système micro-démocratique plutôt que de faire assumer aux citoyens une dépense personnelle. Le système doit proposer un modèle de compensation intelligent, suffisamment léger pour qu'il ne devienne pas une charge financière trop lourde pour le gouvernement, et suffisamment élevé pour permettre à ceux qui reçoivent des délégations de nombreux électeurs d'assurer leur travail politique à plein temps. Pour les grands partis ayant la confiance et le soutien du peuple, les compensations pour la gestion d'un grand nombre de délégations seront leur principale source de revenus, et serviront à couvrir les coûts d'embauche de professionnels. Ainsi, un mécanisme de communication et de responsabilité directe et saine entre les citoyens et leurs délégués prendra forme, garantissant que ces délégués influents disposent des ressources suffisantes leur permettant d'assurer leurs activités politiques et soient parfaitement loyaux envers les citoyens qui leur ont fait confiance. Ce mécanisme contribuera également à éviter toute corruption. Si un délégué fait preuve d'un comportement problématique, cela peut l'amener à perdre un grand nombre de délégations du jour au lendemain, entraînant alors la disparition immédiate de sa source de revenus légale et de son influence politique, et donc la perte de sa valeur aux yeux des groupes d'intérêt particuliers. C'est pourquoi, dans une micro-démocratie, les leaders politiques, les agences de consultation politique et les partis politiques doivent faire preuve de beaucoup d'autodiscipline et de sensibilité, et doivent gérer les conflits d'intérêts avec sagesse.

À titre d'exemple, le modèle de compensation du *Vianland* est le suivant : si le délégué vote directement sur une proposition donnée, le montant de la compensation est de 0,1 % du salaire moyen quotidien, multiplié par le nombre de citoyens qu'il sert directement ou indirectement avec ce vote. Ainsi, si 1000 personnes ont délégué leur vote à un leader politique directement, ou indirectement par l'intermédiaire d'un relais de délégation, alors un vote direct par jour peut approximativement rapporter l'équivalent d'un salaire à temps plein. S'il y a plusieurs propositions à voter chaque jour, il ou elle bénéficiera d'un revenu relativement considérable. Si un parti politique reçoit les délégations d'un million de personnes directement ou indirectement, les revenus tirés d'un vote quotidien seraient suffisants pour supporter la charge financière d'une équipe professionnelle de centaines d'employés et d'autres dépenses. S'il y a plusieurs propositions à voter par jour, le revenu est alors plus que suffisant pour payer des milliers de salariés. Comme nous le verrons dans le chapitre suivant « *La procédure* », les initiateurs de la plupart des propositions seront les leaders politiques, les agences de consultation politique et les partis politiques. Pour les empêcher de soumettre des propositions inutiles à des fins de profit et pour contrôler les coûts opérationnels du gouvernement, le *Vianland* stipule que seuls les 9 votes les plus rémunérés de la journée d'un délégué lui sont dus. L'objectif premier de cette rémunération étant d'assurer la charge financière des professionnels de la politique qui travaillent à plein temps, un vote n'est pas rémunéré si le nombre de délégations reçues pour la proposition est inférieur à 100. En vertu des règles ci-dessus, le coût de compensation des opérations de prise de décision du *Vianland* est, dans le cas extrême, inférieur à 2 % du total du revenu individuel national (le chiffre réel est probablement inférieur à 1 %). Une modeste augmentation de 1 % du taux de l'impôt sur le revenu des personnes physiques est suffisante pour assurer la charge financière des services politiques nationaux qui produisent des décisions de haute qualité.

La micro-démocratie paie les leaders politiques et les agences de consultation politique pour leurs services sociaux afin qu'ils puissent fonctionner de manière indépendante. Toutefois, elle ne les empêche pas de recevoir des fonds d'autres sponsors, à condition qu'ils rendent ces informations publiques. En effet, d'autres sources de soutien financier, tels que les dons personnels, ou même les investissements de groupes d'intérêts particuliers, permettent l'apport de nouvelles ressources sociales dans l'élaboration des politiques publiques et améliorent *in fine* la qualité de la prise de décision. Un soutien financier extérieur entraînera, il est vrai, des opinions très arrêtées, voire biaisées, mais la politique démocratique est par nature un processus dans lequel différentes opinions sont échangées, confrontées et compromises. Ce type d'influence est inévitable et se fera à huis clos si elle ne se fait pas publiquement. Mais le système micro-démocratique s'étant débarrassé de toute coercition et du manque de transparence observé dans les démocraties représentatives, il y a fort à penser que cette influence financière ait, dans le contexte d'une micro-démocratie, des effets plus positifs que négatifs sur la qualité de la prise de décision.

Chaque citoyen contrôle la confidentialité de ses positions politiques et de ses votes. Un citoyen peut choisir de rendre public l'historique de ses votes et ses règles de délégation ou de les garder privés. Si les leaders politiques peuvent judicieusement choisir, ou non, de divulguer davantage d'informations pour les aider à attirer davantage de délégations, dans un système micro-démocratique, les historiques de vote des organismes de consultation politique et des partis politiques sont automatiquement communiqués afin de les empêcher de tromper le public.

Résumons donc les principes de base du système de délégation de vote de la micro-démocratie :

1. Les citoyens peuvent choisir de voter directement de manière indépendante ou de déléguer leur voix ; les délégués peuvent être d'autres citoyens, des agences de consultation politique ou des partis politiques.

2. Le choix par les citoyens du vote direct indépendant ou du vote par délégation doit être fait avant la date limite de chaque vote en suivant le classement par priorité : le vote direct indépendant en premier lieu, la délégation temporaire en second lieu et les règles de délégation préétablies en dernier lieu. En cas d'échec de la délégation, le système micro-démocratique détecte automatiquement les règles nulles et les ignore, puis applique une règle valide et la plus appropriée en respectant le classement de priorité des règles de délégation préétablies.

3. Concernant la délégation, le poids du vote est transféré du citoyen délégant au délégué. Le délégué peut en outre déléguer et transmettre les poids des votes aux délégués en aval.

4. Les agences de consultation politique et les partis politiques n'ont pas leur propre poids de vote, mais peuvent recevoir des poids de vote de leurs clients de délégation ; ils doivent déclarer leurs domaines de consultation politique en tant que domaine de décision de la délégation entrante.

5. Les citoyens peuvent choisir de divulguer ou non l'historique de leurs votes et leurs règles de délégation. Les agences de consultation politique et les partis politiques sont tenus de divulguer leur historique de vote et leurs règles de délégation.

6. Les partis politiques doivent voter directement sur toutes les propositions relatives à leurs domaines de consultation politique ; le système micro-démocratique utilise les partis politiques dans le but de fournir une règle de délégation par défaut aux citoyens afin d'éviter tout vide de délégation.

7. Les organismes de consultation politique peuvent choisir de transmettre leur pouvoir sur des propositions dans leur domaine de consultation politique ou de déléguer à des partis politiques.

8.   Le gouvernement offre des compensations financières aux
     délégués qui votent directement de manière indépendante.

49

 # La Procédure

La prise de décision démocratique est plus qu'un simple acte de vote, mais un ensemble de procédures opérationnelles bien définies ayant un cycle de vie unique. Pour certains domaines décisionnels de moindre envergure, telles que les affaires internes de communautés et d'organisations sociales, des procédures décisionnelles simplifiées sont préférables. Mais avec l'élargissement des champs de décision et l'importance croissante des décisions, les exigences en matière de procédures deviennent plus rigoureuses, tant pour les politiques nationales que pour l'administration gouvernementale. Les procédures décisionnelles d'une micro-démocratie et des systèmes représentatifs sont complètement différentes, et nous verrons dans ce chapitre en quoi ils diffèrent.

La procédure de prise de décision dans une micro-démocratie est construite autour des objets de la prise de décision. Dans le chapitre précédent, nous avons le plus souvent appelé ces objets des problématiques, des questions ou des propositions, selon le contexte. Mais du point de vue de son cycle de vie, cet objet peut être décomposé en trois grandes formes :

1. Proposition

    Le projet ou la suggestion formellement proposés par l'initiateur.

2. Motion

Après avoir été examiné, révisé et complété, un texte final conforme aux exigences est préparé pour être envoyé au vote. Une proposition se transforme alors en motion.

3. Résolution

La conclusion formelle tirée du résultat du vote d'une motion, selon les règles des procédures de décision.

La transition d'un statut à l'autre est motivée par les actions requises par la procédure démocratique. Elle se déroule selon les étapes suivantes :

1. Initiation
2. Validation
3. Vote
4. Exécution

Certains termes ici ont été empruntés à des concepts similaires que l'on retrouve dans le système représentatif. Toutefois, leur signification et les règles applicables ne sont pas nécessairement les mêmes dans les deux systèmes. En outre, dans la plupart des systèmes représentatifs, la prise de décision démocratique est largement limitée au domaine législatif. Les décisions relatives à l'application de la loi et à l'administration sont le plus souvent prises par le système bureaucratique, par le biais de décrets, plutôt que de manière démocratique, même si nombre d'entre elles sont de nature législative. Dans un système micro-démocratique, les décisions relatives à toutes les catégories ci-dessus sont produites par des procédures démocratiques. Le gouvernement ne prend que de petites décisions exécutives, dites de routine.

Les descriptions détaillées de chaque statut ou étape sont les suivantes :

Initiation :

Dans les démocraties représentatives, seuls les représentants ou les fonctionnaires du gouvernement peuvent initier des motions. En théorie, ils sont censés agir tel un canal officiel ayant pour fonction de faire entendre la voix des citoyens ordinaires et d'influencer les politiques en conséquence. Cependant, il n'existe aucun moyen systémique de garantir qu'ils répondront aux demandes des citoyens ou d'assurer qu'ils prennent de bonnes décisions face aux différents courants d'opinions et trouvent un équilibre entre la pression du peuple et celle des groupes d'intérêts particuliers. Le hasard, les imprévus et la corruption sont courants. Et alors que les canaux officiels laissent encore et toujours tomber le peuple et le rendent furieux, le peuple se tourne vers des moyens non conventionnels, parfois extrêmes, voire violents, et reposant sur la réaction émotionnelle. Il devient facilement manipulable par la désinformation. Des mouvements de masse virulents apparaissent alors, semblables à des feux de forêt incontrôlables. Les pouvoirs destructeurs de ces mouvements dépassent souvent les attentes mêmes du peuple, provoquant par la suite des troubles sociaux, le chaos et la souffrance.

Il est évident que les barrières procédurales mises en place par les représentants et les agences gouvernementales doivent être supprimées pour permettre aux citoyens ordinaires d'initier la prise de décision depuis le plus bas échelon démocratique.

Néanmoins, cela ne veut pas dire que n'importe qui doit avoir la possibilité de jeter sans réfléchir n'importe quelle proposition dans l'océan du débat qui s'opère entre tous les citoyens. Un filtrage et des ajustements sont encore nécessaires à assurer l'efficacité du système, car cela permet d'éviter que de nombreuses motions de mauvaise qualité ou répétitives ne gaspillent l'énergie et les ressources sociales des citoyens. En outre, cela garantit la conformité du format afin que les citoyens puissent comprendre avec précision la motion et y répondent efficacement.

Pour les raisons susmentionnées, la micro-démocratie introduit une condition préalable importante à la soumission de toute nouvelle proposition, à savoir l'exigence de certains appuis publics, permettant d'assurer que la proposition exprime soit les souhaits d'une proportion significative du grand public, soit de fortes opinions professionnelles. Toutefois, il n'est pas réaliste d'attendre des initiateurs de propositions qu'ils recueillent directement ces approbations auprès d'un grand nombre de citoyens, car une telle exigence les obligerait à consacrer une grande partie de leur énergie à rechercher des approbations plutôt qu'à améliorer la qualité de la proposition. En outre, elle inonderait chaque citoyen de demandes d'approbation, à un degré dépassant ce que quiconque pourrait gérer ou tolérer. Par lassitude, les gens les ignoreraient probablement, même pour les propositions de grande qualité et importantes, paralysant ainsi le système décisionnel.

La micro-démocratie offre une solution pratique à ce problème : déduire l'*intention d'approbation* des règles de délégation préétablies par les citoyens. Lorsqu'un citoyen définit des règles de délégation pour un domaine de décision spécifique, on peut supposer qu'il est d'accord avec les opinions et les jugements du délégué qu'il a choisi pour ce domaine de décision et qu'il est heureux de soutenir les propositions relatives à ce domaine émises par le délégué. En outre, il est également raisonnable de supposer que le citoyen soutiendrait d'autres citoyens ou organismes de consultation politique auxquels son délégué fait confiance dans ce même domaine. Autrement dit, le relais de délégation est également utile pour estimer l'intention d'approbation.

Toutes les règles de délégation préétablies ne conduiront pas à une relation de délégation réelle ou à un vote réel. Ce n'est qu'après la date limite de vote que le système sait si la personne a voté directement de manière indépendante, si elle a désigné un délégué temporaire, si des règles de délégation préétablies ont été définies et comment elles ont été hiérarchisées, et qu'il a été déterminé en conséquence si une ou plusieurs règles de délégation s'appliquent au vote du citoyen. En outre, ce n'est qu'à ce stade que le système micro-démocratique peut savoir si le vote de ce citoyen remplit les conditions des délégations de vote d'autres personnes et quel est le poids du vote transféré. Au moment où la proposition est émise, il n'y a aucun moyen de prévoir ces paramètres et les conditions futures, et il est donc impossible de prévoir les délégations finales. On ne peut par conséquent que spéculer sur le fait que pour un domaine de décision donné, la règle de délégation prédéfinie en tête du classement des priorités recevrait très probablement l'approbation du citoyen. Sur la base de cette hypothèse, le système part du principe que le délégué défini par la règle a l'intention de donner son approbation.

En raison du mécanisme de relais de délégations, la présomption d'approbation évoquée ci-dessus se heurte à un problème. Pour éviter tout vide de délégation, un système micro-démocratique exige que chacun établisse des règles de délégation protectrices, en désignant un parti primaire en tant que délégué de vote pour toutes les motions. Ainsi, toutes les intentions d'approbation seraient toujours, en dernière étape, assumées par les partis primaires. Ce n'est, il est vrai, pas le reflet exact de la volonté des citoyens, ni l'objectif initial des règles de délégation protectrice. Pour cette raison, les citoyens et les agences de consultation politique, lorsqu'ils jouent le rôle de délégués, doivent décider s'ils souhaitent recueillir l'intention d'approbation ou la transmettre aux délégués en aval.

Pour un domaine de décision donné, le poids total du vote associé aux intentions d'approbation reçues par un délégué est appelé sa *pondération de soutien*. La somme de la pondération de soutien reflète la représentativité de masse du délégué et indique également son influence sur les propositions relatives à ses domaines de décision. Le système micro-démocratique calcule et trie les pondérations de soutien en fonction des domaines de décision, et les citoyens ou les agences de consultation politique jouissant d'un rang suffisamment élevé reçoivent le privilège d'initier des propositions relatives au domaine de décision correspondant. Nous les appelons *agents d'opinion publique* pour un domaine de décision donné.

Prenons l'exemple du *Vianland*. Les citoyens et les agences de consultation politique ont la possibilité de définir le domaine de décision qu'ils sont prêts à servir en tant qu'agents d'opinion publique. Pour les domaines de décision desquels ils se sont retirés, tous leurs poids de vote, y compris ceux reçus d'autres personnes par l'intermédiaire des délégations, sont transmis aux délégués prioritaires en aval afin de calculer leurs pondérations de soutien. Pour les domaines de décision pour lesquels ils ont opté, les poids de vote applicables ne seront pas transmis, mais inclus dans leurs pondérations de soutien. Les partis politiques n'étant pas autorisés à déléguer davantage, ils sont considérés comme ayant toujours opté pour leurs domaines de décision enregistrés.

Chaque jour à minuit, le système micro-démocratique du Vianland calcule les pondérations de soutien pour chaque domaine de décision et publie le classement du jour au public dans les 2 heures. Pour chaque domaine de décision, les citoyens et les organismes de consultation politique classés dans les 5 % les plus hauts ont droit au statut d'agent d'opinion publique. S'il y a plus de 1 000 agents d'opinion publique pour un domaine de décision particulier, seuls les 1 000 premiers peuvent soumettre de nouvelles propositions ; les autres ne peuvent que participer au débat direct. Lorsque la proportion de citoyens individuels parmi les agents d'opinion publique tombe en dessous de 20 %, des citoyens supplémentaires se voient accorder ce statut afin que cette proportion atteigne les 20 %. Les agents d'opinion publique ayant le privilège d'initiation obtiennent un quota de soumission de nouvelles propositions en fonction de leur classement par pondération de soutien.

Validation :

Après leur soumission, les propositions entrent dans une phase de validation. Cette phase comporte plusieurs étapes telles que la vérification de leur conformité, la révision de leur contenu, le formatage et la configuration de leur programme. Elles sont ensuite transformées en motions formelles. Ces tâches sont coordonnées et facilitées par une institution gouvernementale neutre et exécutées par des agents d'opinion publique. Bien que seuls les agents d'opinion publique puissent participer directement à ces activités, le processus est entièrement ouvert à l'inspection du public, de sorte que chaque citoyen puisse apporter son regard précis tout au long du processus. En plus d'exprimer ouvertement leurs opinions et de contacter directement les agents d'opinion publique, les citoyens disposent désormais d'un canal bien plus puissant : le classement par pondérations de soutien. Chaque fois que les citoyens modifient leurs règles de délégation prédéfinies, les pondérations de soutien sont automatiquement mises à jour et le classement change. En observant la dynamique du classement, les agents d'opinion publique peuvent prendre connaissance de l'opinion publique quotidiennement et ajuster leurs actions en conséquence s'ils le souhaitent. Si l'opinion publique est suffisamment forte, les citoyens peuvent même éliminer directement tel ou tel agent d'opinion publique peu fiable en le faisant descendre dans le classement, faisant alors changer l'ensemble du paysage du pouvoir. Pendant la phase de validation d'une proposition, si son auteur initial perd son statut d'agent d'opinion publique, la proposition est automatiquement révoquée. Dans un système micro-démocratique, ce type d'interaction se produit de manière régulière, ordonnée et pacifique tout au long de l'année.

Le contrôle de conformité consiste à filtrer les propositions qui ne respectent pas les règles des procédures démocratiques. Si une proposition ne passe pas ce contrôle, elle est mise en attente de révision par le soumissionnaire initial jusqu'à ce qu'elle devienne conforme aux exigences. Ces contrôles de conformité sont les suivants :

1.   Contrôle de la portée des décisions

    Le statut d'agent d'opinion publique et le privilège de soumettre des propositions sont donnés par les pondérations de soutien, elles-mêmes liées à des domaines de décision spécifiques. Lorsque la portée réelle de la proposition ne correspond pas à la portée revendiquée par le soumissionnaire initial ou à la portée autorisée, son contenu ou sa portée applicable doit être corrigé en conséquence, sous peine de voir la soumission de la proposition rejetée. Il est important de souligner que les droits des agents d'opinion publique pour un domaine de décision donné sont limités précisément à ce domaine d'application spécifique : ils ne jouissent pas automatiquement du même statut pour les sous-domaines d'application. S'il est nécessaire de traiter une problématique spécifique à un sous-domaine de décision, le citoyen doit également jouir du statut d'agent d'opinion publique pour ce domaine de décision et respecter les exigences de pondérations de soutien correspondantes.

2.   Contrôle de la compétence juridique

Une décision inapplicable ne fait que gaspiller les ressources publiques. Par conséquent, la proposition doit être applicable en vertu de la compétence juridique de l'entité qui l'applique. Les mesures qu'elle propose ne peuvent donc viser que le gouvernement ou les citoyens de l'entité micro-démocratique, plutôt que quelque chose qui échappe au contrôle du gouvernement. Les mesures proposées doivent également s'appliquer sur un délai raisonnable : il est absurde de vouloir gouverner des citoyens qui appartiennent à un avenir lointain. En pratique, l'erreur la plus probable est celle d'outrepasser l'autorité juridictionnelle autorisée pour le domaine de décision revendiqué par la proposition. Par exemple, si une proposition déclare que le champ d'application des mesures proposées se situe dans une ville spécifique, alors son contenu ne peut porter que sur les affaires locales de cette ville, et ne peut en rien porter sur des choses allant au-delà de cette limite. De plus, une telle proposition peut exiger que les gens se comportent d'une certaine manière dans cette ville, mais ces exigences ne peuvent en aucun cas entrer en conflit avec les lois nationales, par exemple par la promotion d'actes violant les droits de l'homme institutionnels relatifs à ce domaine. Vous trouverez des explications plus approfondies sur ce sujet dans le chapitre *Le droit*.

3.   Contrôle des doublons

Pour économiser les ressources de la société tout en évitant des efforts répétés inutiles, les propositions doubles doivent être éliminées et rejetées, ou fusionnées avec des propositions récentes identiques ou similaires, à moins que la situation n'ait depuis lors changé de manière spectaculaire, ou qu'un large consensus n'ait été atteint parmi les agents d'opinion publique.

4.   Contrôle d'intégrité

Les exigences relatives aux éléments d'information requis varient en fonction du type de proposition. Par exemple, les projets industriels, en plus des objectifs et du contenu, doivent également inclure certains documents tels que le plan de mise en œuvre, le budget et les évaluations d'impact environnemental. Pour les propositions de réglementation, des documents tels qu'une analyse d'impact sur les réglementations existantes, les procédures opérationnelles d'application de la loi et des programmes de transition sont exigés. Pour les propositions visant à annuler des résolutions effectives existantes, des documents tels qu'une analyse de conflit et les protocoles de résiliation des résolutions en vigueur doivent être préparés. Des professionnels du contrôle de conformité guideront et aideront les initiateurs des propositions à satisfaire à ces exigences et à préparer les documents nécessaires aux débats à suivre.

Une motion bien préparée aura de meilleures chances d'être adoptée. Les propositions soumises par un seul initiateur ont tendance à être autolimitées et à ne pas être complètes. Leur contenu et les options de réponse qu'elles proposent sont également susceptibles d'être biaisés et trompeurs. De plus, une saine concurrence entre différents points de vue peut contribuer à améliorer la proposition afin que son contenu bénéficie à toutes les parties.

Le nombre d'options de réponse d'une proposition peut être de deux (« Oui » et « Non ») ou de plusieurs (plusieurs options plus une « Aucune de ces options »). Chaque option doit être confiée à un agent d'opinion publique, qui en devient alors le *porte-parole principal* et dont la mission est d'obtenir le soutien du public à cette option. À l'exception des deux options spéciales (« Non » et « Aucune de ces options »), toute option sans porte-parole principal doit être abandonnée. S'inscrire en tant que porte-parole principal d'une option est une démarche volontaire, et les agents d'opinion publique de haut rang ont la priorité pour ce poste. L'initiateur de la proposition a également le droit d'être le porte-parole principal pour l'option de son choix.

Une fois ces étapes passées, l'agence gouvernementale organise les activités de communication, de négociation et de débat pour chaque proposition. Les principaux porte-paroles sont tenus d'assister à ces activités, et d'autres agents d'opinion publique du domaine de décision correspondant peuvent y participer volontairement. Il s'agit d'une étape importante permettant d'élaborer ou d'approfondir l'avis de chacun, au cours de laquelle les différentes parties tenteront d'obtenir des clauses plus satisfaisantes pour leur camp. L'auteur initial de la proposition est celui qui en modifiera le contenu. Toutes ces activités doivent être ouvertes au public afin que chaque citoyen puisse apporter son avis s'il le souhaite.

Pour éviter que des agents d'opinion publique de haut rang ne s'entendent et ne détournent en leur faveur la révision de la proposition, les principaux porte-paroles sont bloqués sur l'option qu'ils ont chacun choisi de représenter, à moins qu'ils perdent passivement leur statut. Lors du vote, les porte-paroles principaux doivent voter pour l'option qu'ils représentent. Le système micro-démocratique peut être configuré pour que cette règle soit appliquée automatiquement.

Le formatage et la configuration du programme sont les dernières étapes de la phase de validation. L'agence gouvernementale aide alors l'auteur de la proposition à mettre en conformité le format et la formulation de la proposition aux normes d'une motion officielle, en s'assurant que le texte soit clair, qu'il respecte la réglementation, les conventions et les habitudes de lecture du grand public, que les documents requis soient correctement joints et qu'il expose de manière exhaustive les impacts de chaque option. Au cours de cette étape, la révision de la proposition se limite à des ajustements de formulation qui n'affectent pas la signification réelle du contenu et de chaque option. Après que tous les porte-paroles principaux aient examiné et signé la proposition, le système micro-démocratique publie officiellement la nouvelle motion et la prépare à être soumise au suffrage.

Une fois toutes ces étapes franchies, la proposition se transforme en motion officielle et entre dans la phase de vote.

Le vote :

La phase de vote commence avec la publication de la motion et se termine avec l'annonce des résultats du vote. Au cours de cette phase, les citoyens sont libres de choisir la manière dont ils souhaitent voter, soit en votant directement, soit via une délégation. Dans la majorité des cas, les citoyens choisissent de déléguer leur vote. Ils font le choix du vote direct pour les motions ayant un impact significatif sur leur intérêt personnel.

Les principes et les règles régissant le vote ont été expliqués de manière générale dans les chapitres précédents, il n'est donc pas nécessaire de les répéter ici. Toutefois, outre celles qui ont déjà été explicitées, la phase de vote comporte quelques règles opérationnelles et procédurales qu'il est utile de connaître. La plus importante étant la *méthode de vote en deux étapes*, qui sera détaillée dans la section Exécution, car elle concerne plutôt cette étape du processus.

Après la publication des résultats du vote, le système micro-démocratique publie un communiqué afin d'annoncer et de confirmer officiellement la résolution finale du vote. Cette annonce rappelle généralement le contenu de l'option gagnante, un mémorandum visant à enregistrer les activités de prise de décision et un rapport statistique sur le décompte des votes.

L'exécution :

Dans une micro-démocratie, toutes les décisions législatives et la plupart des décisions administratives sont du ressort de la prise de décision démocratique publique, à l'exception des décisions opérationnelles microscopiques concernant des tâches techniques de routine. Les fonctions d'élaboration des politiques du gouvernement s'effacent progressivement, et celui-ci devient l'organisme exécutif des décisions démocratiques.

Dans une démocratie représentative, le processus décisionnel démocratique meurt une fois la résolution votée. Que la résolution soit ou non interprétée et mise en œuvre correctement par la suite, et que des défauts notables y soient ou non découverts ne sont plus du ressort démocratique, mais de l'organisme exécutif. Afin de modifier ou d'annuler la décision, un nouveau processus décisionnel doit être enclenché, ce qui peut être long et fastidieux. Bien que cette méthode puisse toujours paraître comme la plus fonctionnelle, la micro-démocratie apporte un nouveau mécanisme important qui étend le cycle de décision à toute la phase d'exécution de la résolution. Il permet au public de valider à nouveau la décision, de la modifier, de l'affiner ou d'y mettre fin si nécessaire.

Pour faciliter la mise en place de ce nouveau mécanisme, les résolutions peuvent être classées en quatre catégories :

1.   Mission irréversible
2.   Mission réversible
3.   Lois temporaires
4.   Lois permanentes

Les résolutions de type mission sont destinées à accomplir une ou plusieurs tâche(s) spécifique(s). Elles prennent fin dès que les objectifs prédéfinis sont atteints. Elles se subdivisent ensuite en missions irréversibles et réversibles. Pour la première, une fois l'application de la mission commencée, il est impossible de revenir en arrière. Pour la seconde, l'exécution peut être interrompue à mi-chemin, et les choses rétablies intégralement ou en partie à leur état antérieur.

Le délai d'exécution de la plupart des missions irréversibles est court et peut être considéré comme une action instantanée comparée à la durée de la procédure de décision. Une fois lancée, il est soit trop tard pour la suspendre, soit impossible d'en inverser les conséquences. Par exemple, l'abattage d'un grand arbre ou le démantèlement d'un temple ancien constituent une mission irréversible. L'arbre coupé ne peut pas repousser pour retrouver sa forme initiale, et le temple ancien en ruine ne pourra jamais redevenir ce qu'il était à l'origine, même s'il est reconstruit. Dans d'autres contextes, une mission irréversible peut échapper au contrôle de la population, comme pour une déclaration de guerre. Une fois que les batailles ont éclaté, les pertes en vies humaines et en matériel ne seront jamais récupérables. La progression de la guerre n'est par ailleurs pas une décision démocratique unilatérale : elle est influencée par divers facteurs externes qui ne sont pas aussi simples que de revenir sur une décision.

Les missions réversibles prennent généralement plus de temps à exécuter, comme l'abattage d'une forêt entière ou la construction d'une grande zone industrielle. Si la résolution est annulée assez tôt, il peut être encore possible d'en inverser ou d'en éviter partiellement les conséquences. Par exemple, une fois l'exécution de la résolution effectuée, bien qu'une partie de la forêt puisse être impossible à restaurer, le reste peut être conservé. Si le projet de construction d'une zone industrielle est avorté, la partie déjà construite ne peut plus être détruite, mais la main-d'œuvre et les ressources matérielles non dépensées et prévues précédemment pour le reste de la construction peuvent être économisées.

La frontière entre les missions réversibles et irréversibles est parfois floue. C'est aux citoyens de la déterminer grâce au processus démocratique. L'adoption de mesures correctives pour des résolutions réversibles pouvant effectivement limiter la corruption politique, plus les résolutions classées comme réversibles sont nombreuses, plus les possibilités de corruption politique sont réduites. C'est pourquoi, dans le cadre d'un système représentatif, l'aspect réversible de certaines résolutions est délibérément ignoré. Les délais et les coûts économiques sont souvent les prétextes utilisés pour empêcher les citoyens de valider à nouveau la résolution ou la corriger. La plupart des décisions sont par ailleurs prises par un cercle restreint de représentants ou par des branches administratives du gouvernement, et sont ensuite considérées comme « un fait accompli ». L'exemple le plus criant est l'élection présidentielle : une fois élu, même si sa cote de popularité tombe instantanément à des niveaux critiques, le président reste en fonction pendant des années. Il en va de même pour le référendum : une fois le résultat connu, même si l'opinion publique penche rapidement pour le contraire, la décision n'est pas modifiée, du moins pas avant très longtemps, voire jamais. Les forces politiques usent de cette faiblesse du système en dramatisant souvent la situation à la veille du vote, feignant l'urgence, diffusant de fausses informations et usant de manipulation mentale, afin de parvenir rapidement à des résolutions en leur faveur et de les verrouiller dans le temps. Ce faisant, elles transfèrent aussi habilement au public la responsabilité des mauvaises décisions, en utilisant l'excuse du coût social élevé de la prise de décision démocratique pour persuader le peuple de tolérer « temporairement » une telle décision. Dans un système micro-démocratique, grâce aux technologies de l'information et à la refonte des procédures démocratiques, le coût de la prise de décision et de l'ajustement de l'exécution d'une décision est considérablement réduit. L'excuse ci-dessus n'est donc plus valable, rendant alors réversibles les missions irréversibles.

Des résolutions de type législatif servent à assurer l'application cohérente et continue des nouveaux codes sociaux déterminés. Elles se subdivisent ensuite en lois temporaires et permanentes. La seule différence entre les deux est que la première a une durée et des conditions de résiliation prédéterminées, et que la seconde reste active de manière permanente jusqu'à ce qu'elle soit abolie par des résolutions futures. Elles sont toutes deux réversibles et, une fois abolies, leur potentiel impact sur la période de validité restante est évité. Dans de rares cas, certaines lois temporaires présentent des caractéristiques irréversibles. Le déclenchement de l'état d'urgence national ou de la loi martiale, par exemple, n'offre pas de voie institutionnelle permettant de les abolir via des procédures démocratiques. La nature extrême de ces méthodes d'exécution entraîne souvent des conséquences irréversibles.

Sur la base de l'analyse ci-dessus, les résolutions s'inscrivent dans l'une ou l'autre de deux catégories simplifiées : *Résolution irréversible* et *Résolution réversible*.

Les humains sont émotionnels. Les émotions nous donnent la passion et le courage d'accomplir de nombreux exploits. D'un autre côté, la peur et la colère peuvent parfois être les ennemis de la sagesse. L'histoire a démontré que lorsqu'un vote démocratique se trouve dans une impasse, les nouvelles de dernière minute et les événements extrêmes provoquent souvent (de façon suspecte) des réactions irrationnelles chez les électeurs. En surfant sur cette vague, les manipulateurs qui oeuvrent en secret remportent souvent la mise. Les impulsions du peuple s'estompant rapidement, ces drames inventés de toutes pièces se déroulent toujours à la dernière minute d'une campagne dans le but d'avoir un maximum d'effets. Quand le peuple retrouve ses esprits, il est déjà trop tard.

Les choix émotionnels ne conduisent pas toujours à de mauvaises décisions. Les exemples de réalisations et de miracles nés d'actes passionnés ne manquent pas dans l'histoire. Mais ce n'est pas le cas quand il s'agit de manipulations malveillantes. Pour réduire le caractère aléatoire des campagnes et les interférences de l'irrationalité dans celles-ci, et ainsi parvenir à des décisions optimales, le système de la micro-démocratie introduit une méthode de « vote en deux temps » quand le vote traite d'une résolution irréversible. Le principe est simple : le vote du premier tour fixe le résultat initial, et le vote du second tour le renforce où le corrige. La somme totale du vote des deux tours pour chaque option de réponse détermine la décision finale.

Le *principe de symétrie inversée* s'applique alors : le pourcentage de l'option gagnante au premier tour fixe la barre de victoire inverse pour le second tour. Par exemple, dans une motion de type irréversible à deux options, le côté gagnant du vote au premier tour mène de 10 points son adversaire. Autrement dit, les deux options ont reçu respectivement 55 % et 45 % du total des voix. Au second tour, le camp perdant du premier tour doit gagner d'au moins la même avance s'il veut renverser le résultat. Pour reprendre l'exemple précédent, cela signifie que le vainqueur du premier tour n'a besoin de gagner que plus de 45 % des voix (par exemple 60 %) pour imposer sa résolution. En additionnant les voix des deux tours, le vainqueur du premier tour a reçu au total 55 % + 60 % = 115 %, et ses adversaires ont reçu 45 % + 40 % = 85 %. Le premier a donc gagné.

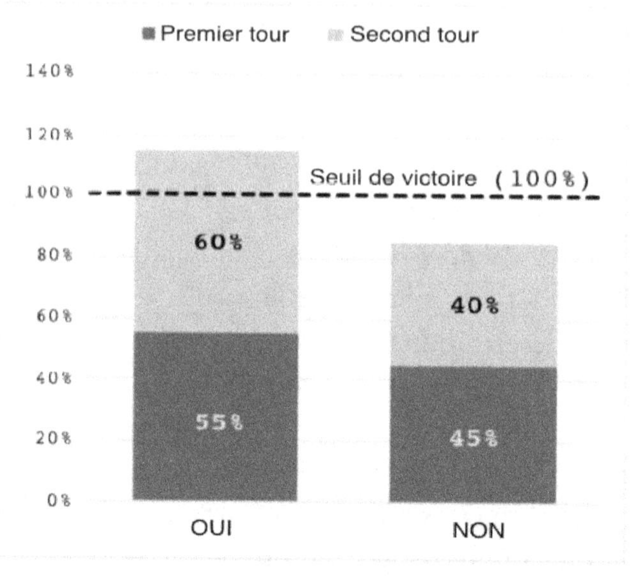

Figure 3.1 : Exemple de méthode de vote en deux temps (deux options)

Cette méthode de vote en deux temps s'applique également aux motions comportant plus de deux options. L'option qui reçoit le plus de voix en deux tours gagne.

Avec cette méthode, même si le résultat du premier tour est affecté par des perturbations de court terme, il est toujours possible de le corriger au second tour. Le principe de symétrie inversée, plutôt qu'une majorité simple, utilisé au second tour garantit que cette correction soit une action consciente et délibérée, et non une autre fluctuation aléatoire accidentelle. Le résultat du premier tour doit être publié immédiatement après le vote. La période de réflexion entre les deux tours doit être suffisante pour soulager l'éventuelle anxiété temporaire, idéalement plus de 72 heures. Un système micro-démocratique part du principe que les gens conservent leur choix précédent et votent de la même façon au second tour. Le système répète donc automatiquement, pour chaque électeur, le même vote au second tour que celui du premier tour, à moins qu'ils ne votent directement par eux-mêmes avant la date limite. Ce mécanisme de vote en deux étapes est particulièrement utile quand le vote est serré. En effet, si une option récupère une très large majorité du vote, elle va sûrement remporter celui-ci dès le premier tour, en rendant pratiquement impossible tout retour en arrière au second tour, sauf surprise majeure. Dans ce cas, la plupart des gens n'ont rien à faire, le système leur appliquant automatiquement le même vote au second tour.

Pour les résolutions réversibles, le peuple peut également faire le choix de la méthode de vote en deux temps, bien qu'elle ne soit pas aussi utile avec ce type de résolution, la micro-démocratie offrant d'autres possibilités de les abroger.

Divers facteurs peuvent influer sur le résultat du vote, mais la considération principale des électeurs reste le contenu de la proposition. La méthode de vote en deux temps résout le problème de la perturbation émotionnelle soudaine. En revanche, l'exactitude des informations diffusées et des changements externes à la proposition peuvent continuer d'influencer l'issue du scrutin et doivent donc toujours être pris en considération. Dans de nombreuses instances, seul le temps dira si la décision prise était raisonnable et sage. Le choix des électeurs peut également changer naturellement avec le temps selon l'évolution de certains facteurs. En effet, bien que les citoyens doivent être tenus responsables de leurs choix de vote, en particulier de leurs mauvais choix, cela ne signifie pas que les décisions prises doivent être gravées dans le marbre et incontestables. Il va de soi que l'annulation d'une résolution active n'est pas une décision à prendre à la légère ni trop fréquemment, car mettre fin à une décision à mi-parcours peut avoir de graves conséquences. Le principe de symétrie inversée est utile ici pour parvenir à équilibrer toutes ces préoccupations, car elle fixe les conditions devant être réunies pour mettre fin à une résolution politique active. En d'autres termes, si quelqu'un émet une proposition d'abolition d'une résolution originale, elle doit réunir un pourcentage de votes favorables supérieur à la marge de victoire de la résolution précédemment adoptée. Avec ce système, la décision originale ne peut pas être annulée trop facilement, et le peuple peut évaluer la durabilité et la stabilité d'une résolution en se référant à la marge gagnante précédente. Les décisions ayant fait l'objet d'un large consensus entraînent naturellement des investissements correspondants plus importants et à plus long terme, et de l'autre côté, la prudence dans l'exécution sera spontanément de mise concernant les résolutions plutôt timides. Ainsi, les ressources publiques sont dirigées naturellement davantage vers là où l'opinion publique place sa confiance.

Des ajustements à une résolution originale peuvent également être apportés via des amendements, ne modifiant qu'une petite partie de leur contenu. Pour que les amendements soient adoptés, le pourcentage de voix doit également dépasser la marge de victoire de la résolution originale précédemment obtenue. Une fois adoptés, les amendements sont apportés et une nouvelle version de la résolution est formée. Toute exécution ultérieure suivra la version la plus récente, et tous les amendements ou vétos futurs s'appliqueront également à cette version. Chaque amendement n'apportant qu'une modification mineure au contenu d'une résolution, le seuil de passage de la résolution globale reste inchangé, afin d'éviter que les amendements gagnent en complexité.

Le contrat social[1] est la clé de voute de la liberté et de la démocratie. Toutes les nations dites démocratiques ne l'admettent pas ouvertement, mais si elle ne peut tirer sa légitimité de la reconnaissance et du consentement des citoyens envers ce principe contractuel, elle doit aller chercher les fondements de son autorité ailleurs, par exemple dans la religion ou la force. Théoriquement, l'authenticité ou l'inauthenticité d'un pays démocratique dépend fondamentalement du degré de volontarisme et de sincérité de ces relations contractuelles. Aujourd'hui, ironiquement, les citoyens n'ont que rarement, voire jamais, la possibilité d'examiner et d'accepter ce contrat. À la place, leurs représentants le produisent dans leur coin, à huis clos. Même le document le plus important de tous — la constitution nationale — n'a vu que très peu de citoyens ordinaires, voire aucun, participer à son élaboration et à son vote ou les influencer de manière effective. Évidemment, les rédacteurs originaux ne pouvaient pas obtenir un mandat juridique universel avant qu'une loi prévue à cet effet n'existe. Compte tenu des limites et de la technologie de l'époque, nous ne leur tenons pas en rigueur cette imperfection des anciens systèmes, et supposons que les citoyens lambda de l'époque approuvaient le contrat de manière indirecte. Après tout, c'est le paradoxe de la poule et de l'œuf. À notre époque cependant, il est insensé et absolument immoral d'imposer ce contrat sans discernement aux nouvelles générations, avec la même excuse.

Prenons l'exemple des États-Unis. Les pères fondateurs ayant signé la constitution sont morts depuis des siècles, et la génération actuelle hérite encore de ce contrat sans même qu'on lui demande de signer un formulaire de consentement officiel ni de le rediscuter et de voter. Ils sont contraints de respecter les engagements pris par d'autres et d'obéir à des codes de conduite sur lesquels ils n'ont jamais été consultés. Cela va absolument à l'encontre de l'esprit de volontariat et d'autodétermination d'une démocratie, et invalide par conséquent les fondements mêmes du système.

Ce problème n'est, bien sûr, en aucun cas propre à ces démocraties matures et ne se limite pas à la constitution. Il est même pire ailleurs. Cette imposition et cette injustice semblent être la conséquence de toute loi légèrement vieillotte. Lorsque les générations plus âgées de citoyens ont promulgué ces lois, leur intention était de résoudre les problèmes pratiques de leur époque en s'aidant des meilleures connaissances et idées du moment, et non de limiter le droit des générations futures à s'autodéterminer. Malheureusement, avec le temps et même si la situation a changé depuis longtemps, certaines personnes considèrent toujours les lois anciennes comme la loi de Dieu, comme si remettre en cause ces lois était la trahison ultime. C'est une pure absurdité. Cette injustice se présente comme les anciens qui suppriment la voix des jeunes, alors qu'en vérité, c'est la classe dirigeante qui supprime la voix de tous au nom de ses propres intérêts. La résistance de la nouvelle génération ne s'oppose donc pas aux générations plus âgées ni ne leur manque de respect, mais aux élites privilégiées du système politique. Bien qu'un réexamen de nos lois archaïques se confronte inévitablement à des contestations procédurales et techniques, le véritable combat de résistance contre ce changement est celui de la classe dirigeante et des groupes d'intérêts particuliers. Quoi qu'il en soit, la micro-démocratie doit surmonter ces obstacles, car c'est la seule façon juste de faire gagner lois et les nations en légitimité.

L'amendement et l'abrogation de résolutions font déjà partie des procédures législatives de la micro-démocratie, mais leur déclenchement doit obéir à des conditions particulières, telles que : une place de leader suffisante dans le classement des pondérations de soutien, des actions proactives d'agents d'opinion publique, etc. En d'autres termes, il ne s'agit pas de mécanismes automatisés. Pour les résolutions adoptées avec une victoire écrasante, selon le principe de symétrie inversée, sans que la moitié du total des voix soit dépassée, il est impossible de les amender ou de les abroger. Dans un tel scénario, les agents d'opinion publique hésiteraient, se retiendraient et renonceraient aux tentatives de régler les problèmes qui y sont liés. Imaginez qu'une loi ait été adoptée avec une marge de 90 % contre 10 % il y a cent ans. Depuis lors, la société a radicalement changé et toute la génération de citoyens ayant voté pour cette loi est décédée. Pourtant, les gens vivants aujourd'hui ne peuvent rien changer à cette loi dépassée sans avoir recueilli 91 % du total des voix. Cela est clairement contraire au bon sens, aux idéaux démocratiques et à l'utilitarisme social. Pour cette raison, un système micro-démocratique a besoin de mécanismes additionnels de *revalidation des résolutions*, qui déclenchent une consultation automatique et en temps voulu des nouveaux citoyens afin de déterminer leurs opinions sur d'anciennes lois toujours en vigueur, et permet de prendre les mesures nécessaires en conséquence.

L'opération du système d'information, le maintien à jour des informations de citoyenneté, le suivi de la dynamique citoyenne et l'évaluation de son impact sur l'exécution des résolutions sont autant de fonctions essentielles à la micro-démocratie. Les décès, les déménagements ou d'autres changements dans la vie peuvent amener les citoyens à sortir de domaines de décision. Les nouveau-nés, l'installation d'immigrés, etc. peuvent également faire augmenter la population sur laquelle les domaines de décision s'appliquent. Lorsque le système micro-démocratique détecte que la composition des citoyens pour un domaine de décision spécifique a changé de manière significative, il réévalue automatiquement les résolutions actives relatives à ce domaine. Pour une résolution donnée, si les citoyens ayant précédemment voté du côté gagnant et qui sont toujours autorisés à voter les résolutions relatives à ce domaine de décision voient le pourcentage total de leurs voix descendre en dessous de 50 % du total des voix actuelles de tous les électeurs éligibles à voter sur ce domaine de décision, une revalidation est alors déclenchée automatiquement.

Par exemple : pour une résolution donnée, 700 citoyens ont voté l'option gagnante représentant 60 % du total des voix. Les 40 % de voix restantes pour les options perdantes proviennent des 300 autres citoyens.

Quelques années plus tard, 200 citoyens du côté des gagnants et 100 citoyens du côté des perdants sont sortis du domaine d'application de la décision, tandis que 300 nouveaux citoyens y sont entrés pendant la même période. Sur la base de cette composition actualisée des citoyens, si le système de réévaluation automatisé a détecté que la somme des voix du côté gagnant et du côté perdant était passée à 49 % et 21 %, les nouveaux citoyens qui n'avaient pas voté pour la consultation initiale ont alors chacun une voix pour constituer les 30 % restants. Si le côté ayant précédemment remporté le scrutin détient maintenant moins de 50 % du total des voix, alors une procédure de revalidation est automatiquement déclenchée.

Le rôle principal de la revalidation est de permettre de voter à nouveau sur la version actuelle d'une résolution, afin de déterminer s'il faut la conserver ou l'abroger. Généralement, la condition du passage de l'abrogation n'est alors plus basée sur le principe de symétrie inversée, mais sur le principe d'une majorité simple. C'est-à-dire que 51% du total des voix suffit à opposer son véto à la résolution originale. Ou, si le résultat de la revalidation est en faveur de la résolution actuelle, le dernier pourcentage gagnant écrase le précédent même s'il est inférieur, de sorte que les conditions et les seuils des amendements futurs soient mis à jour en conséquence. Si nécessaire, le vote de revalidation peut également adopter la méthode de vote en deux temps afin d'éviter d'éventuelles conséquences de facteurs aléatoires. Pour simplifier l'opération, le système suppose que les citoyens qui avaient précédemment voté sur cette résolution réitèreraient leur choix, à moins qu'ils ne votent à nouveau activement autrement. Pour les domaines de décision faisant l'objet d'un grand nombre constant d'entrées et de sorties de citoyens, une période de temps minimum peut être fixée afin d'éviter que les revalidations n'aient lieu trop fréquemment.

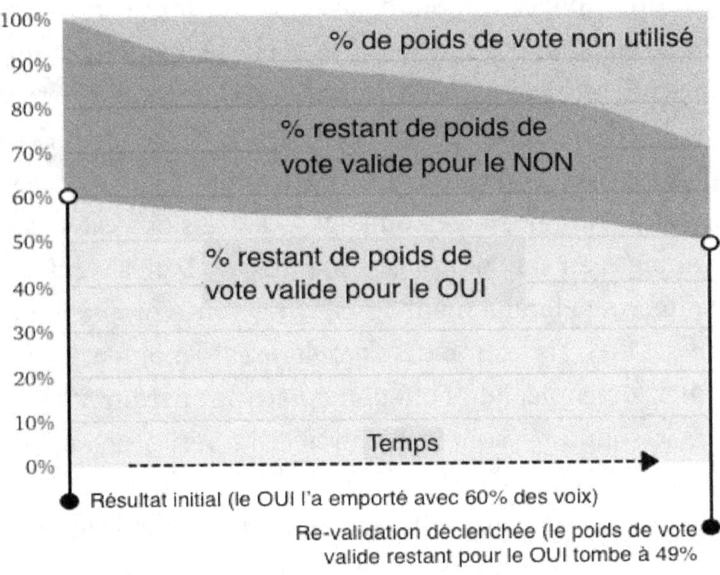

Figure 3.2 : Exemple de déclenchement d'une revalidation (deux options)

L'achèvement d'objectifs prédéfinis, l'expiration de la période de validité et l'abrogation anticipée en raison d'une revalidation sont autant de situations pouvant mettre fin à l'exécution d'une résolution. Des modifications aux conditions d'abrogation ne peuvent être effectuées que pendant que la résolution est encore valide. Une fois le cycle de vie de la résolution achevé, elle ne peut plus être redémarrée. S'il y a un besoin impérieux de la prolonger par la suite, cela n'est possible qu'en initiant une nouvelle proposition, qui passera par la procédure décisionnelle standard et formera une résolution similaire à l'originale.

Une caractéristique unique de la micro-démocratie est que ses activités décisionnelles n'ont pas de périodicité notable. Toutes ces activités sont dynamiquement, continuellement et éternellement entrelacées, de sorte que le processus décisionnel démocratique puisse répondre avec sensibilité et rapidité à un monde en constante évolution. Cette agilité est un des puissants avantages de ce système, car il permet d'éviter et de corriger des erreurs de décision et de se débarrasser de la majorité de la conspiration politique et de la corruption. Dans un système micro-démocratique, le verrouillage des décisions est obtenu par des avantages en voix plutôt que par des modalités rigides, ce qui augmente considérablement le coût de tout complot politique. Même si de tels complots parviennent momentanément à escroquer le peuple, leurs effets ne pourront perdurer longtemps si leurs résolutions sont contraires à la vérité et aux intérêts publics. Le mécanisme de délégation dynamique de la micro-démocratie permet aux citoyens qui découvrent la vérité de priver à tout moment les politiciens et les partis politiques malhonnêtes du pouvoir, et d'apporter les corrections nécessaires aux résolutions chaque fois que cela est nécessaire. Il rend une telle spéculation extrêmement risquée, tant politiquement qu'économiquement, et non rentable. Cette contrainte de coût pousse les forces politiques à chérir la confiance à long terme du public, tout en adoptant des attitudes et comportements plus honnêtes et constructifs. Et la société tout entière y gagne.

Chapitre 4 Les Droits de l'Homme

La prise de décision micro-démocratique peut s'appliquer à de nombreux aspects de la vie quotidienne, qu'il s'agisse d'une communauté, d'une organisation ou même d'une entreprise. Dans ces contextes, les gens peuvent choisir de faire des compromis au nom de l'efficacité et des coûts. Cependant, lorsque le système de décision sur les questions les plus sérieuses et les plus importantes est celui de la micro-démocratie, les droits de l'homme et les lois doivent être pris en considération afin de préserver les principes d'équité, de rationalité et d'utilitarisme dans la prise de décision. C'est seulement par ce biais que le peuple pourra profiter de toute la valeur et de tous les avantages de la micro-démocratie.

La supériorité de la morale démocratique se résume au respect de l'individu et à la recherche du bonheur maximal de la société, et c'est pourquoi l'utilitarisme est la motivation centrale de la micro-démocratie. Augmenter le nombre de personnes jouissant de droits civils et d'avantages sociaux et accorder ces droits et avantages à tous de manière égale sont les deux principaux moyens d'améliorer l'utilité sociale. Dans une micro-démocratie, il s'agit essentiellement d'une question de droits de l'homme.

Il existe aujourd'hui deux points de vue prédominants au sein de la communauté internationale concernant les droits de l'homme :

L'un met l'accent sur l'égalité des droits plutôt que sur leur contenu spécifique. Tout avantage que la richesse sociale peut procurer de manière égale est considéré comme un droit auquel tous les citoyens doivent avoir accès. De ce fait, à mesure que la richesse sociale et les ressources fluctuent (tendant à augmenter), les normes et la portée des droits de l'homme changent en conséquence (ils sont généralement en hausse et en expansion).

Une autre vision des droits de l'homme accorde plus d'attention au contenu spécifique des droits civils. Certains droits civils sont considérés comme des conditions essentielles au bon fonctionnement du système démocratique. Il s'agit principalement des droits sur lesquels les citoyens doivent pouvoir compter pour pouvoir participer de manière indépendante, juste et efficace aux activités politiques. En ce sens, la démocratie et les droits de l'homme partagent un certain degré d'identité : les normes et la portée des droits de l'homme sont liées à des systèmes démocratiques spécifiques, plutôt qu'à la richesse sociale.

En fonction de ce sur quoi ils se concentrent, nous appelons la première vision *« Droits de l'homme relatifs à la protection sociale »* et la seconde *« Droits de l'homme institutionnels »*. Il n'y a cependant pas de différence inhérente entre les deux. Au contraire, ils sont complémentaires et complètent ensemble la définition des droits de l'homme. Ils révèlent la relation de cause à effet entre les droits de l'homme et la démocratie : les droits de l'homme institutionnels sont la condition préalable de la démocratie, et les droits de l'homme sociaux en sont les objectifs. Un véritable système démocratique ne peut être construit en premier lieu que sur des droits de l'homme institutionnels. L'augmentation de la richesse et des ressources sociales qu'elle entraîne enrichit ensuite continuellement les droits sociaux et civils.

Ces deux écoles de droits de l'homme sont malheureusement facilement confondues, et cette confusion est souvent utilisée comme arme dans les conflits internationaux. Certains régimes autoritaires ont, par exemple, inventé le concept de « droits collectifs au développement », dépeignant sournoisement une contradiction entre les droits civils et le développement de la société. Sous prétexte de situation nationale et de niveaux de développement économique uniques, ils rejettent ou retardent à jamais la mise en place de droits de l'homme institutionnels dans le but de préserver les privilèges autocratiques du groupe au pouvoir. Certains pays développés ont par ailleurs un fort sentiment de supériorité culturelle. Ils aiment comparer leurs droits sociaux avec ceux des pays en voie de développement, établissant ce qu'on appelle les droits de l'homme universels selon les principes de leurs cultures. Ce faisant, ils ignorent la diversité de religions, de coutumes et de conditions économiques du monde. Avec beaucoup d'arrogance, ils utilisent les droits de l'homme comme unique justification à leurs sanctions et à leurs invasions de pays sous-développés. Ils appliquent ce principe des droits de l'homme de manière sélective, avec un deux poids deux mesures flagrant, et laissent souvent derrière eux une catastrophe humanitaire bien plus grave que l'atteinte aux droits de l'homme initiale, une fois leurs véritables objectifs atteints. Il est alors évident que leur intérêt premier n'était pas le bien-être de la population, mais des objectifs dissimulés.

Pour résoudre les problèmes ci-dessus, une micro-démocratie traite les droits de l'homme institutionnels et les droits de l'homme sociaux différemment, afin qu'ils puissent servir au mieux les objectifs pour lesquels ils ont été conçus. La micro-démocratie assure en effet une protection absolue et inconditionnelle des droits de l'homme institutionnels, dans le but de préserver l'efficacité du système démocratique. Elle reconnaît par ailleurs l'aspect relatif des droits de l'homme sociaux, permettant ainsi leur autodétermination et leur autoadaptation afin qu'ils correspondent aux valeurs sociales et aux niveaux de vie des populations. La constitution est la gardienne des premiers, et les lois régionales communes sont garantes des seconds.

La protection des droits de l'homme institutionnels et la définition des protocoles de fonctionnement sont les seuls contenus de la constitution d'une micro-démocratie, ce qui n'est pas le cas de la majorité des constitutions aujourd'hui. Toute disposition dépassant le cadre ci-dessus, qu'elle soit religieuse, politique, économique ou culturelle, doit être considérée comme une restriction au libre choix de chaque citoyen, et est non seulement inutile, mais aussi extrêmement nuisible. Ce type de politique controversée ainsi que les droits sociaux ne peuvent être définis que par des lois communes n'appartenant pas au champ d'application de la constitution. Dans un système micro-démocratique, les lois communes permettent de continuellement réviser l'étendue des droits sociaux et sont par conséquent très adaptables et réactives aux conditions sociétales changeantes.

Les droits de l'homme institutionnels sont indispensables à la micro-démocratie, car ils sont la clé de voute de sa constitution. Il est nécessaire d'en faire une analyse détaillée et de les définir avec précision :

Sécurité et liberté individuelles

Une véritable démocratie commence lorsque les citoyens expriment sincèrement leurs aspirations. Cette authenticité repose d'abord sur le sentiment de sécurité que ressent chaque citoyen. Sous contrainte violente, même si un citoyen a la permission de participer à la prise de décision, ses choix ne sont que le reflet de la volonté de l'organe coercitif. En fait, la seule menace du recours à la force suffit à fausser l'opinion publique. Cette menace prive également le peuple de sa liberté et l'empêche de pouvoir mener sa vie comme bon lui semble. La protection de la sécurité et de la liberté des citoyens est donc, sans l'ombre d'un doute, la priorité absolue d'un système démocratique et le plus important des droits institutionnels.

Le recours à la violence directe contre les dissidents est susceptible d'attirer l'attention du public et, par conséquent, de générer l'opposition de la population. De nombreux régimes autoritaires préfèrent donc faire taire les dissidents dès leur enfance par l'intimidation. Ils utilisent la force de la loi pour limiter les choix des citoyens, punir ceux qui osent dépasser les limites, intimider le peuple et l'empêcher de remettre en question des tabous politiques. L'intelligence de cette approche est qu'elle utilise à la fois des lois fonctionnelles nécessaires au maintien de l'ordre social et des lois politiques qui servent à privilégier des groupes d'intérêts particuliers et les dirigeants, puis formalise le tout au travers des procédures législatives assurées par les représentants. Par ce stratagème, les classes privilégiées privent sournoisement le pays tout entier de sa volonté. La frontière entre anti-privilégiés et anti-société est délibérément floutée, rendant plus facile pour les puissants de dépeindre les rebelles comme des criminels afin de les diaboliser, de les isoler, de les punir ou même de les éliminer. Certains de ces rebelles tombent d'ailleurs dans ce piège, passant de la lutte contre la corruption du système à la lutte contre la société tout entière, se distançant ainsi du grand public. Une fois qu'elles ont intégré les intérêts particuliers dans le système juridique, les classes privilégiées peuvent utiliser cette violente machine qu'est l'État, en particulier ses forces de police et judiciaires, dans le but de persécuter systématiquement et automatiquement les dissidents. Ainsi naît l'État policier antidémocratique. Il est souvent caractérisé par la présence de dispositions politiques dans sa constitution et ses lois pénales ayant pour but de faire de la liberté d'expression un acte criminel passible de sanctions.

Pour éviter une telle situation, un système démocratique ouvert et honnête doit éliminer toute clause politiquement tendancieuse des lois fonctionnelles nationales servant à maintenir l'ordre social et à définir les mécanismes démocratiques, en particulier la constitution. Cela ne signifie pas que la tendance politique ne puisse s'inscrire dans aucune loi. Au contraire, elle est toujours autorisée dans les lois communes non fondamentales, régionales et dynamiques. Toutefois, les sanctions pour violation de ce type de loi ne doivent pas mettre en péril les droits institutionnels, en particulier la sécurité et la liberté individuelles des citoyens.

Décisions relatives aux affaires personnelles

Le droit de décision sur ses affaires personnelles étend le droit à la sécurité et à la liberté individuelle au territoire de la vie sociale. Il encourage en outre les citoyens à adopter une attitude indépendante et autonome et à oser exprimer leurs véritables souhaits et demandes par le biais d'activités politiques.

Les « affaires personnelles » comprennent généralement le mariage, la profession, la religion, le mode de vie, etc. L'importance des éléments ci-dessus varie d'une personne à l'autre, et la détermination des violations relatives à chacun d'entre eux n'est donc pas toujours précise à première vue. Un citoyen peut parfois faire des compromis conscients dans le but équilibrer ses avantages financiers, ses relations interpersonnelles et d'autres intérêts, et cela est également un choix indépendant du citoyen. Malgré la complexité de certaines situations, il suffit de suivre un principe de base : il est impossible d'interférer dans des décisions indépendantes de citoyens concernant leurs affaires personnelles si ces interférences sont de nature à menacer leurs droits institutionnels. En d'autres termes, les droits de l'homme institutionnels, tels que la sécurité et la liberté individuelles, le droit de faire ses propres choix concernant ses affaires personnelles, ainsi que d'autres droits qui seront abordés plus loin dans ce chapitre, sont les droits inconditionnels et non négociables des citoyens. Il ne peut y avoir de récompense ni de sanction pour un citoyen qui prend une décision personnelle. Il est en revanche possible d'influencer les décisions des citoyens sur leurs affaires personnelles en accordant des avantages ou droits non institutionnels et sociaux, pratiques par ailleurs courantes dans la vie sociale.

Il convient de noter que la menace qui pèse sur les droits des citoyens à faire leurs propres choix sur leurs affaires personnelles provient non seulement des autorités gouvernementales, mais aussi des familles, des communautés, des nationalités et des groupes religieux, sur lesquels une autre ombre plane : le collectivisme[1].

Dans un système politique micro-démocratique, des groupes auparavant divisés par des partis politiques, des régions ou des coutumes seront confrontés à une dissociation en vertu du principe de « relativité ». Chaque citoyen doit prendre des décisions sur de nombreuses choses dans leur vie quotidienne, et le domaine de ces décisions varie. Le citoyen doit donc participer à la prise de décision au sein de nombreux groupes différents. Ce système rend les unités de décision plus dynamiques et plus souples, et affaibli la voix du soi-disant collectif dans la prise de décision. Ce phénomène reflète l'orientation du progrès social et la contradiction inhérente entre le collectivisme et l'utilitarisme dans la société moderne. Il va de soi que, à l'occasion de cette nouvelle étape du développement démocratique (la micro-démocratie), l'individualisme gagne de plus en plus de place vis-à-vis du collectivisme, tendance qui rencontrera inévitablement une résistance farouche.

Bien que le collectivisme soit par nature un ennemi majeur de la micro-démocratie, il ne doit pas être répudié simplement sur la base de ses valeurs, en ignorant sa contribution positive à certaines étapes du développement social.

Pendant la majorité de l'histoire, le collectivisme a été la forme supérieure et rationnelle de la société humaine. Les racines du collectivisme ont longtemps imprégné les gènes humains, nos ancêtres primates étant des animaux sociaux. Faibles en tant qu'individus, ils devaient, pour se procurer de la nourriture et éviter d'être dévorés, fonctionner en tant que groupe grâce à une coopération efficace et une action concertée. Les simiens qui vivaient seuls ou qui échouaient à agir rapidement et efficacement au sein d'un groupe ont été éliminés du cours de l'évolution. Ce modèle de la priorité collective a survécu et a été continuellement renforcé par la compétition naturelle. Dans une société primitive, obéir de manière absolue à l'autorité tribale est le seul moyen qu'ont les hommes de survivre dans la nature. Plus tard, dans les sociétés agricoles, les menaces qui pesaient sur les individus ne provenaient plus principalement de la nature, mais de plus en plus de la société humaine elle-même. La nature de la production agricole exige des populations qu'elles s'installent dans des lieux et des groupes fixes pendant une longue période. En raison de leur retard technologique, la production alimentaire ne pouvait souvent pas suivre la croissance démographique, un phénomène particulièrement observé lors de catastrophes naturelles. Les pénuries alimentaires récurrentes entraînaient des conflits et des guerres sans fin. Dans le contexte de combats incessants où il faut sans cesse se défendre et piller de la nourriture, l'avantage du groupe prévaut. Par conséquent, les groupes qui organisaient leurs actions avec efficacité écrasaient facilement les individus laissés à l'écart par les groupes, ou les groupes mal coordonnés. Si les vaincus n'étaient pas massacrés, ils devaient se soumettre ou rejoindre le groupe gagnant, pour finalement s'intégrer dans une structure et une culture plus collectivement organisée. Ainsi, dans la société agricole, aucune place n'était laissée à l'individualisme.

Avec l'arrivée de la révolution industrielle[2], les moyens de production ont été entièrement transformés. Cette évolution est due en grande partie au perfectionnement de la division sociale du travail et à l'augmentation de la productivité. Par la nouvelle demande massive de travail qui caractérisait cette période, la bourgeoisie a libéré les paysans de la terre et de leurs codes sociaux ancestraux. La main-d'œuvre ainsi libérée et responsabilisée politiquement a afflué vers les usines, où elle a découvert un nouveau mode de vie jusqu'alors inconnu. Cette révolution a rendu la discipline et le travail d'équipe encore plus essentiels à la production de richesses, et les travailleurs ont obtenu davantage de pouvoir syndical de négociation avec les capitalistes, indiquant que le collectivisme gagnait du terrain. En parallèle, le libre mouvement des travailleurs a aussi progressivement conduit à l'émergence d'une autre idéologie dont l'influence est encore plus profonde : pour la première fois, l'individualisme et le désir de liberté individuelle commençaient à émerger et à devenir, avec le temps, l'une des valeurs dominantes de la société. En surface, ces valeurs sont issues d'un phénomène culturel, mais leur cause profonde est plus subtile : la liberté des individus et la production industrielle étaient entrées dans une phase de synergie positive.

Au fil des progrès de la science et de la technologie, la tendance à la robotisation et à l'automatisation de la production a progressivement dépassé la tendance à la division du travail humain. En conséquence, les industries à fort besoin de main-d'œuvre se sont transformées en industries à fort besoin de capital. Du point de vue du confort matériel de la société, la survie n'est plus un problème pour l'humanité. La population travaille maintenant dans le but d'atteindre et de conserver une certaine qualité de vie et un certain statut social. Grâce à cette accumulation matérielle, avoir des relations sociales fixes et stables est passé d'une nécessité absolue à un choix personnel. Tous les avantages offerts par le collectivisme se sont affaiblis et ont progressivement disparu. Il est déjà possible de prévoir que la valeur sociale évoluera encore davantage vers un individualisme encore plus « extrême » avec le développement de la science et de la technologie, à moins que cette tendance ne se voie brisée par des revers historiques majeurs tels que des guerres ou des catastrophes naturelles. Ce n'est que par une telle interruption malheureuse que le collectivisme pourra retrouver sa rationalité fonctionnelle et faire naturellement son retour dans nos sociétés.

En résumé, ni le collectivisme ni l'individualisme n'ont de valeur éthique absolue. Ils sont plutôt le fruit d'un processus de sélection naturelle fondé sur la structure de l'économie et sur les besoins fonctionnels de la société. Le niveau et la tendance actuels des progrès scientifiques et technologiques, ainsi que l'environnement international majoritairement pacifique, rendront naturellement une micro-démocratie pro-individualiste, et ce n'est que lorsque cette liberté individuelle sera réalisée dans l'ensemble de la société que ce système sera le plus efficace.

Le concept « d'affaires personnelles » est assez vague. Une certaine décomposition est nécessaire à la mise en œuvre d'une protection adéquate des droits de l'homme. Dans le contexte d'une micro-démocratie, elles se classent en trois catégories : les *affaires personnelles centrales* dans le cadre des droits de l'homme institutionnels, les *affaires personnelles non centrales* extérieures au cadre des droits de l'homme institutionnels, et les *affaires publiques*. La distinction entre les deux premières souligne les contours définis et fixes des droits institutionnels de l'homme. La distinction entre les deux dernières souligne le périmètre maximal possible des droits de l'homme sociaux.

Les affaires personnelles centrales, qui ont souvent une influence de long terme, stable et significative sur le bien-être des citoyens, telles que le mariage, la profession, la religion, etc. sont considérées comme relevant des droits de l'homme institutionnels. Malgré leur importance, leur périmètre doit rester limité, afin de ne pas empiéter sur celui des affaires collectives. Quant aux affaires personnelles non centrales, il appartient à la collectivité locale de déterminer dans quelle mesure les citoyens peuvent décider celles qui sont régies par des lois régionales communes. Par exemple, le code vestimentaire et l'étiquette sociale peuvent être considérés comme relevant des libertés civiles dans certaines régions, mais pourront être étroitement limités dans d'autres. La culture, la religion, les conditions économiques et l'environnement naturel variant d'une région à l'autre, le contenu et l'étendue de la protection juridique des droits sociaux diffèrent en conséquence. Ces différences sont spontanées, et leur présence objective est naturellement acceptée par la communauté locale. Il s'agit en fait simplement de l'expression collective de la liberté personnelle et du choix individuel prenant la forme de l'autodétermination culturelle. Lorsque de nouveaux arrivants intègrent une communauté, ils doivent respecter ses valeurs et ses codes sociaux. De leur côté, les communautés doivent respecter la diversité pouvant exister en son sein. La reconnaissance d'autonomies « inégales » entre certaines régions est en soi une manifestation de leur égalité de libre choix.

Le droit communautaire local d'une région peut parfois empêcher la population de faire ses propres choix concernant ses affaires personnelles non centrales, et certains peuvent s'en sentir offensés. Le système micro-démocratique offre aux citoyens trois moyens de faire face à une telle situation : partir, supporter ou changer la loi. Dans le premier cas, le citoyen peut choisir de s'installer dans une autre région où les lois locales respectent le droit individuel de déterminer ses affaires personnelles. La migration est par ailleurs également un droit institutionnel. Les citoyens peuvent donc s'installer dans n'importe quelle région à leur gré (nous parlerons plus en détail de ce droit plus loin dans ce chapitre). Dans le deuxième cas, le citoyen peut choisir de rester et d'accepter les inconvénients de ces réglementations en échange d'autres avantages offerts dans la région. Les lois communautaires ne pouvant pas punir les gens par la compromission de leurs droits institutionnels, les désagréments qu'elles peuvent causer ne sont pas trop sévères. Dans le troisième cas, le citoyen peut tenter de modifier les lois correspondantes en utilisant la procédure de prise de décision de la micro-démocratie, à condition d'avoir recueilli suffisamment de voix. Ces trois possibilités permettent aux citoyens de faire des compromis selon leur situation personnelle et de choisir ce qui leur convient le mieux.

La classification des affaires personnelles en affaires centrales et non centrales, leur mise en correspondance avec les droits institutionnels et sociaux et leur traitement en conséquence nécessitent une réforme du système de droits de l'homme actuel. Les principales conventions en matière de droits de l'homme auxquelles la communauté internationale adhère aujourd'hui proviennent pour la plupart de la *Déclaration universelle des droits de l'homme*[3], qui définit quels choix relèvent des libertés individuelles et sont soumis à la protection des lois. Toutefois, faire de ces règles un étalon-or universel auquel toutes les sociétés doivent se conformer est en soi un acte compulsif. Le contexte culturel spécifique des rédacteurs de cette déclaration a inévitablement limité leur imagination en matière de développement des droits de l'homme, ce qui a par ailleurs souvent entraîné des contradictions ridicules. Par exemple, les sentiments et les idéologies dominants en Occident condamnent le droit théocratique des pays musulmans, car il punit les femmes qui ne se conformaient pas aux canons religieux, estimant que cela constitue une violation des droits de l'homme. En parallèle, ces mêmes idéologies considèrent comme un acte justifiable le fait que des policiers des pays occidentaux arrêtent des gens pour nudité publique. Plus ironiquement, certains pays occidentaux obligent même leurs citoyennes musulmanes à lever leur voile en public. Alors, qui a le droit moral de déterminer quelle tenue représente la liberté, et à quelle occasion ?

Par ailleurs, les lois et réglementations du travail des pays occidentaux stipulent généralement que la durée maximale du travail doit être de huit heures par jour pendant cinq jours. Toutefois, dans de nombreux pays économiquement sous-développés, en raison de la médiocrité du capital et des infrastructures, de telles restrictions empêcheraient la société de produire suffisamment pour maintenir ou améliorer ses conditions de vie. Si les pays occidentaux ne s'engagent pas véritablement à aider ces pays à faire progresser leur technologie de production et leurs conditions de vie, mais se contentent de qualifier (et d'accuser) leurs conditions de travail d'inhumaines, alors il s'agit soit d'hypocrisie, soit de ruse. Dans ce contexte, la seule attitude honnête et responsable est de reconnaître les aspects relatifs, dynamiques et évolutifs du développement des droits sociaux.

Les différences en matière de droits sociaux entre différentes régions et différents groupes sont le résultat de la diversité sociale et dépendent en outre des stades de développement respectifs de leur économie et de leur culture. Pour améliorer la situation des pays à la traîne, la liberté de migration ainsi que la mise en place d'un mécanisme démocratique dynamique de prise de décision jouent un rôle essentiel. La première permet aux régions qui offrent de meilleurs droits en matière de protection sociale d'attirer davantage de population, ce qui encourage le développement d'une l'idéologie, d'une culture et d'un système économique favorable à ces droits sociaux et les diffuse naturellement à davantage de régions et de personnes. Les immigrants qui reviennent au pays rapportent par ailleurs ces idées dans les régions sous-développées, modifient progressivement les lois locales et améliorent les droits sociaux au niveau local par le biais de procédures démocratiques. Ce processus sera naturel, constant et pacifique, et ne conduira plus à des malentendus et à des confrontations entre personnes ségréguées. Ce mécanisme fait donc naître les droits sociaux. À mesure que la société progressera, de nouvelles normes et de nouveaux concepts de protections sociales, conformes à l'esprit du temps, verront le jour et entreront dans la concurrence constructive et pacifique des idées, de sorte que les droits sociaux des hommes continuent de suivre la quête éternelle de bonheur exprimée par le peuple.

Ressources personnelles de subsistance

Tant que le fait d'être nourri et vêtu reste la principale préoccupation de sa vie, le citoyen est dans l'incapacité de réfléchir à des moyens d'atteindre un niveau de vie plus satisfaisant, car il se contente de survivre. Selon la théorie de la « Hiérarchie des besoins »[4] d'Abraham Maslow, bien que la satisfaction des besoins primaires produise également du bonheur, l'humain exprime une forte motivation intérieure à la poursuite d'un niveau de vie supérieur. Il s'agit d'un besoin de besoins. Il tend à rechercher un état de résistance interne minimale et un gain d'utilité sociale maximal. Toutefois, dans de nombreuses démocraties développées contemporaines, il est encore courant d'utiliser l'appât des produits de première nécessité et de la sécurité sociale (sous le nom de « réalités économiques ») dans le but de faire chanter le peuple et de contrôler l'opinion publique. Il est également courant, lors de la formation de systèmes économiques et sociaux nationaux, de traiter les riches avec générosité et les pauvres avec dureté. Cette notion visant à « récompenser la diligence et punir la paresse » présente dans la théorie conservatrice de l'économie de marché consiste en réalité à « récompenser les riches et punir les pauvres ». La micro-démocratie doit mettre fin à cette manipulation inhumaine, et doit apporter aux gens un sentiment de sécurité et de tranquillité d'esprit afin qu'ils aient confiance en eux et soient en mesure de poursuivre leur épanouissement à un niveau supérieur. Cela étant, l'accès des citoyens aux ressources de subsistance primaires est considéré comme un droit de l'homme institutionnel essentiel, formellement reconnu par la constitution et appliqué par le gouvernement.

Fournir gratuitement des biens de première nécessité et des protections sociales à l'ensemble de la population n'est pas un concept nouveau. De nombreuses tentatives dans l'histoire ayant échoué, cette proposition va certainement occasionner des doutes et des objections, et ces préoccupations méritent qu'on leur porte attention et qu'on leur réponde.

Tout d'abord, les droits institutionnels sont garantis au niveau constitutionnel et global, et doivent donc être universels et égaux. Cela signifie que les ressources de subsistance offertes par le gouvernement doivent être les mêmes partout, que ce soit dans les régions développées jouissant de conditions naturelles favorables ou dans les économies sous-développées aux conditions naturelles difficiles. Ce principe aura pour effet de faire baisser la norme de protection de sorte que chaque région puisse se permettre d'offrir ces ressources. De plus, même si cette norme sera probablement trop faible pour les régions économiquement développées, le but de cette offre de ressources de subsistance est uniquement de couvrir les besoins essentiels des citoyens et de leur assurer un sentiment de sécurité, plutôt que de réaliser une égalité économique entre différents niveaux de développement sociaux. Pour cette raison, cette protection se concentre sur les besoins physiques primaires et relativement immuables des citoyens, tels que se loger, se nourrir, s'habiller, se soigner avoir de quoi stocker/ranger ses biens personnels.

Soulignons par ailleurs qu'il est dangereux d'attendre de la protection sociale qu'elle assure l'égalité économique universelle dans un vaste pays. Ce type d'État-providence tend généralement à grossir unilatéralement jusqu'à avoir atteint le maximum de redistribution que la richesse sociale peut supporter. Lorsque l'économie est florissante, les citoyens en sont satisfaits. En revanche, lorsque les conditions économiques se détériorent et que la richesse sociale diminue, ce système s'effondre ou perd son intérêt. Malheureusement, les citoyens considèrent souvent les avantages sociaux dont ils bénéficiaient auparavant comme des acquis et ne peuvent considérer rationnellement leur remise en question. En outre, il est très difficile de rendre cette réduction entièrement équitable dans son exécution, ce qui occasionne alors un grave mécontentement social. Ce phénomène a un impact négatif sur la stabilité sociale et peut même parfois entraîner un soulèvement et des troubles catastrophiques. Une égalité économique illusoire et un État-providence obèse affectent souvent, par ailleurs, la motivation des gens à travailler, constituant l'une des principales causes du déclin de la vitalité économique d'une région et de la baisse en efficacité de sa production.

Les droits institutionnels et sociaux étant différents, les systèmes de protection sociale d'une micro-démocratie les implémentent séparément. Les droits institutionnels ne couvrent que les besoins matériels primaires afin que cette protection puisse rester stable et continuer d'être assurée même en cas de ralentissement économique ou de catastrophes naturelles. Cela permet d'ajuster au besoin les droits en matière de protection sociale, permettant aux collectivités locales de stimuler leur économie et de démontrer leur supériorité. Les habitants des chaque régions ont la possibilité de gérer leurs propres niveaux de protection sociale en fonction de leurs conditions économiques locales, de leur environnement naturel, de leur culture du développement et de la redistribution sociale. Pendant les périodes vraiment difficiles, même sans aucun droit social, la population peut toujours vivre décemment, car ses besoins matériels primaires sont couverts, un mécanisme garanti par les droits institutionnels.

Bien sûr, une protection sociale universelle ne peut exister que si le niveau de production de richesses de la société le permet, même si elle ne fournit que le strict minimum. La capacité de production mondiale actuelle permet-elle de répondre aux besoins de la population ? En 2017, selon l'Organisation des Nations unies pour l'alimentation et l'agriculture[5], alors que la population mondiale était de 7,5 milliards d'habitants, la production céréalière mondiale a dépassé les 2,6 milliards de tonnes. La consommation minimale de céréales de la population étant de 140 kilogrammes par personne et par an selon les Nations unies, il ne faudrait que 1,05 milliard de tonnes pour nourrir l'ensemble de la population mondiale. La production alimentaire totale de cette année-là était bien supérieure à cela. Même si la population mondiale atteignait les 11,2 milliards de personnes estimées par les Nations unies en 2100, cette production serait encore suffisante. La technologie disponible dans le futur pourrait par ailleurs probablement encore augmenter davantage cette production, et la source et la variété des aliments pourraient également s'accroître. En réalité, une grande partie de la production actuelle des produits céréaliers est utilisée pour nourrir le bétail, brasser de la bière et même comme matière première industrielle. En 2017, pas moins de 600 millions de tonnes de maïs ont été consommées par l'élevage, et une grande quantité de céréales a été employée à produire du vin, des condiments et divers aliments transformés, le stock total de céréales ayant pourtant atteint 700 millions de tonnes. Ironiquement, selon le rapport officiel des Nations Unies, environ 9 % de la population mondiale était confrontée à une grave insécurité alimentaire en 2016, et il ne manquait que 100 millions de tonnes de nourriture (environ 4 % de la production mondiale) pour résoudre complètement cette catastrophe humanitaire. Ainsi, la fourniture de denrées alimentaires essentielles à la population par une micro-démocratie ne serait empêchée par aucune pénurie, mais plutôt par quelques problématiques de distribution et de gestion, enjeux pouvant être résolus grâce à un bon fonctionnement du système et des institutions.

Le logement est lui aussi essentiel à la vie. C'est d'ailleurs une problématique tellement complexe que les Nations unies n'ont pu fournir de statistiques simples et claires concernant son offre. Nous savons cependant que seulement une petite partie des catastrophes humanitaires sont causées par le manque de logements dans le monde aujourd'hui, et qu'il y a une très grande quantité de maisons vacantes dans de nombreuses régions. Il y a donc raison de croire qu'il faudrait, pour satisfaire la demande de logements de base, non pas résoudre sa pénurie, mais plutôt revoir sa distribution.

Il convient de souligner que l'objectif principal de la micro-démocratie, consistant à fournir l'approvisionnement matériel mentionné ci-dessus, n'est pas d'ordre humanitaire, même si elle permet effectivement de résoudre ce problème. Les opinions sur les problématiques humanitaires ont tendance à diverger selon les antécédents culturels et les jugements émotionnels subjectifs des citoyens. Il manque de normes acceptées de tous et la culture de protection sociale change selon les valeurs de chaque région. Au contraire, les exigences fonctionnelles des droits de l'homme institutionnels sont parfaitement claires : garantir que les citoyens puissent participer aux activités démocratiques sans s'inquiéter de leur survie ni être menacés de quelque manière que ce soit, afin que les mécanismes micro-démocratiques fonctionnent effectivement.

Biens personnels

La différence entre les biens personnels et les ressources de subsistance personnelles susmentionnées réside dans leur propriété. Ces dernières sont la propriété du gouvernement ; les citoyens ne les utilisent ou ne les consomment que temporairement s'ils en sont autorisés. Tant que l'offre perdure, le gouvernement a le droit de réorganiser la distribution ou l'utilisation de ces ressources, comme par exemple modifier les logements des occupants. Ces ressources ne donnent par ailleurs pas droit aux poids de vote correspondants. Les premiers sont des biens appartenant aux citoyens et dont la propriété est protégée par la loi. Les citoyens peuvent disposer de leurs biens personnels à leur gré et recevoir les poids de vote correspondants au titre de propriétaire.

Avec la domination de l'économie de marché, les droits de propriété individuels sont pleinement protégés. La propriété est le pouvoir, car elle est au cœur du fonctionnement de l'économie de marché. Elle apporte aux riches une influence sociale substantielle et, en retour, occulte la voix des pauvres. La « main invisible »[6] de l'économie de marché fait effectivement fonctionner l'économie efficacement, mais cette main est contrôlée par le capital plutôt que par les intérêts publics. Pour le capital, le travail et les besoins des citoyens ordinaires sont insignifiants. Selon certains, cette main invisible est simplement l'outil permettant à la classe supérieure de dominer les travailleurs, à la seule différence qu'elle est plus polie et retenue que les fouets des esclavagistes et des seigneurs féodaux. Ce système a certes entraîné des progrès sociétaux plus ou moins importants, mais en fin de compte, il n'est encore qu'un moyen d'exploiter les travailleurs. Par conséquent, lorsque les gens jugent ce système économique par son apparence soi-disant scientifique et juste, et qu'ils louent son efficacité, ils seraient avisés de considérer également sa motivation et sa finalité sous-jacentes, et de se demander à qui cette efficacité sert et pourquoi, tout en ne se laissant pas berner par les discours sur son altruisme.

Les partisans de l'économie de marché estiment que la protection quasi divine des biens personnels est la clé du grand succès qu'a connu le capitalisme. Cette opinion peut faire sens, mais l'on est en droit de se demander si c'est la seule voie possible et si le succès d'une économie de marché profite toujours à chacun comme il l'aimerait. Lorsque le pouvoir accordé par la richesse tombe dans les mains de quelques-uns, « l'efficacité du marché » devient en fait un écran de fumée cachant l'efficacité du public à servir les privilégiés. Le bien-être de la population est par ailleurs plus susceptible de diminuer à mesure que cette efficacité augmente. La micro-démocratie considère la conversion de la prospérité économique en utilité sociale comme la problématique qui mérite le plus d'attention. Plus précisément, comment faire en sorte qu'une large majorité de la population bénéficie de la prospérité économique ? Comment donner aux citoyens un droit de regard raisonnable sur la répartition des ressources matérielles, et comment trouver un équilibre entre l'efficacité économique et la justice sociale ?

Afin de résoudre le problème ci-dessus, la micro-démocratie divise la propriété individuelle en deux catégories : les *biens personnels*, qui relèvent du champ d'application des droits institutionnels, et les *actifs personnels*, qui relèvent du champ d'application des droits sociaux. Les premiers désignent les biens personnels destinés à répondre aux besoins de la vie quotidienne des citoyens, tels que leur résidence principale, leur véhicule principal, les objets sentimentaux qui leur sont chers ou d'autres objets personnels du quotidien. Cette propriété est protégée par la constitution et apporte aux citoyens un poids de vote supplémentaire. Les *actifs personnels*, eux, désignent les ressources de production et les biens immobiliers appartenant aux citoyens dans un but lucratif, ainsi qu'à d'autres propriétés personnelles n'appartenant pas à la catégorie des biens personnels. Ces actifs sont protégés par les lois communautaires régionales et n'apportent pas de poids de vote direct supplémentaire à leurs propriétaires. Toutefois, par l'élaboration de lois régionales communautaires, les citoyens peuvent déterminer la forme et le degré de protection à leur appliquer, et ainsi déterminer le point d'équilibre qu'il leur convient entre efficacité économique et équité sociale. Il est à noter que les régions offrant une meilleure protection des actifs personnels attireront sans aucun doute davantage d'investissements, et ces protections sont donc susceptibles d'être à terme adoptées par la population dans la plupart des domaines. Toutefois, il est également possible que l'inverse se produise si les actifs sont trop protégés au point d'éroder les droits et les intérêts des citoyens lambda, une situation qui les pousserait à abandonner ces protections. Cette liberté de choix permet à la population d'expérimenter, dans certaines régions, des modèles économiques ou modes de vie alternatifs, qu'ils prennent la forme de systèmes spirituels, de systèmes garantissant l'égalité absolue ou d'autres idéologies dépassant notre imagination actuelle. Cette structure sociale unifiée permet à terme à des modèles économiques, à des cultures et des modes de vie différents de coexister et de se concurrencer pacifiquement.

Liberté de migration

Pour la micro-démocratie, la liberté de migration des citoyens est une question à la fois morale, mais aussi technique.

La richesse du monde tire généralement son origine dans l'une ou l'autre de ces deux choses : le vol ou la création. Nous n'avons pas créé la terre, la mer, l'espace et les ressources naturelles. La possession de l'un ou l'autre de ces éléments ne peut donc se faire que par le vol violent ou l'héritage. On ne peut certes pas changer la réalité historique, mais on ne peut nier que ce vol est brutal et primitif. L'injustice et l'immoralité qu'il présente seront toujours transmises aux héritiers du butin. L'époque dans laquelle nous vivons a besoin de nouvelles idées et de nouvelles règles qui correspondent à notre niveau de développement, et l'humanité pourra ainsi passer de la barbarie à la civilisation.

Alors comment peut-on légitimement posséder de la richesse que l'on n'a pas créée ? Sur cette question, les différentes étapes de la civilisation et les différents systèmes d'économie politique qui coexistent ont chacun des points de vue différents. La micro-démocratie ayant pour but ultime de maximiser l'utilité sociale, son premier objectif est de permettre aux citoyens de bénéficier d'une opportunité égale pour tirer le plus grand bonheur possible de cette richesse. En principe, les citoyens doivent avoir un accès égal aux richesses non créées et à leurs dérivés. La terre ne fait certainement pas exception à cette règle, car c'est la richesse la plus importante pour la population et la plus exploitée. Ce sont les citoyens directement liés à la terre qui peuvent en tirer le plus grand bonheur. Reconnaître les privilèges des résidents et des occupants actuels d'une terre, encourager et protéger l'égalité des droits des citoyens à former des relations aussi intimes avec leur terre, revêt une importance particulière pour la micro-démocratie. Certaines personnes peuvent avoir hérité de terres à leur naissance. Mais à moins de passer leur temps sur ces terres, ces héritiers ne peuvent produire le même degré de liens affectifs avec celles-ci que les personnes qui y résident véritablement. La propriété de la terre, quand elle n'implique pas de relation véritable avec celle-ci, peut presque toujours être attribuée au vol, à la conquête ou à la spéculation. Elle est immorale et inégale par nature, et n'a pas d'utilité sociale. Elle n'est, par conséquent, pas reconnue par la micro-démocratie.

Ceux qui habitent et font usage d'une terre doivent pouvoir en jouir des principaux droits, bénéfices et dispositions. Ce sont eux qui prennent les décisions concernant ce territoire et qui en assument les conséquences directes. Le pouvoir sur cette terre et sa responsabilité leur sont donc logiquement liés. Les citoyens ayant des droits égaux sur toutes les terres et la résidence physique étant le seul moyen d'acquérir ces droits, il va de soi que la liberté de migration est une condition préalable naturelle à la possibilité des citoyens d'exercer ce droit de manière effective et égale.

La question de la migration présente deux contradictions importantes. Premièrement, il se peut que de nombreux résidents « natifs » adoptent une attitude de rejet envers les nouveaux immigrants et mettent en place des mécanismes visant à les empêcher de venir, afin de pouvoir continuer à monopoliser les ressources locales et à profiter de leurs avantages. Deuxièmement, les nouveaux immigrants obtiennent généralement le même niveau de protection sociale et de pouvoir politique que les résidents d'origine peu de temps après s'être installés. Lorsque de nombreux nouveaux immigrants sont amenés à se regrouper rapidement en factions politiques proches, ils peuvent alors exercer une forte influence politique et être la cause de changements politiques radicaux dans la région. Ce type d'impact à court terme a le potentiel certain de provoquer un déclin temporaire du bien-être social et un manque d'harmonie dans la région. Ces problèmes pratiques ont conduit beaucoup de gens à s'opposer à la liberté de migration, et leurs doutes ont des causes rationnelles. Fort heureusement, la micro-démocratie apporte une solution à ce problème. Grâce aux poids supplémentaires des votes basés sur les antécédents de résidence, la micro-démocratie donne aux résidents d'origine un plus grand pouvoir de décision dans les affaires régionales. Ils peuvent faire le choix d'une aide sociale régionale qui soit davantage bénéfique à eux qu'aux nouveaux arrivants, afin d'assurer la stabilité de leur mode de vie. Et même si certains droits sociaux peuvent favoriser les résidents d'origine, la séparation des droits institutionnels et des droits sociaux permettra toujours la libre entrée de nouveaux immigrants. Le système micro-démocratique protégera toujours les droits institutionnels des immigrants, afin qu'ils puissent s'installer où bon leur semble et démarrer une nouvelle vie en toute tranquillité. Ainsi, il est possible d'atteindre l'équilibre parfait entre la liberté de migration et la stabilité sociale, tout le monde ayant ses préoccupations principales prises en compte.

Les résidents d'origine vont-ils utiliser l'avantage du poids de vote accru pour entraver la liberté de migration ou discriminer les nouveaux immigrants ? Cela peut effectivement se produire, mais seulement dans une faible mesure. Les lois régionales communautaires n'ont pas le pouvoir d'invalider les droits institutionnels protégés par la constitution. Par conséquent, elles n'ont aucun effet sur la sécurité des nouveaux immigrants, leurs biens et leurs propriétés, sur la liberté de migration ou sur les autres droits de l'homme institutionnels que nous allons mentionner plus loin. Bien que les résidents d'origine puissent mettre en place des politiques qui favorisent leur mode de vie ou leurs intérêts, la contrainte des droits institutionnels rend impossible une trop grande sévérité des lois locales à l'égard des immigrants. Le système micro-démocratique considère ce mécanisme comme non seulement raisonnable, mais aussi bénéfique, car il considère et intègre de manière appropriée les émotions et ressentis accumulés par les citoyens au fil du temps. Les nouveaux immigrants, de leur côté, peuvent devenir progressivement des résidents « originaux » de la région et donc accroître son pouvoir de décision via du poids de vote supplémentaire, basé sur l'échelle la plus juste et la plus égale : le temps. Leur historique de résidence est d'ailleurs sans cesse suivi et comptabilisé. S'ils décident de retourner dans leur ancienne région de résidence, leur temps de résidence accumulé dans cette région commencera à un point de départ plus élevé, et ils obtiendront ainsi les poids de vote correspondants. D'un point de vue holistique du temps et de l'espace, la façon dont le pouvoir de décision est obtenu est tout à fait égale entre les migrants et les non-migrants, si ce n'est que les poids des votes des premiers sont répartis sur un plus grand nombre de régions, tandis que les seconds les accumulent en un seul endroit. Par ailleurs, rappelons qu'outre le poids du vote lié au temps, un citoyen peut également obtenir du poids de vote supplémentaire grâce à ses connaissances et à la proximité de ses intérêts avec une problématique publique.

Au cours de périodes naissantes des nations micro-démocratiques, des citoyens venant de recevoir leur droit à la migration peuvent être amenés à se précipiter vers le pays dont ils rêvent, provoquant une vague de migration pouvant potentiellement mener au chaos. Pour atténuer cet impact, les gouvernements de micro-démocraties émergentes peuvent mettre en place certaines restrictions temporaires sur le flux de migration. Cette transition doit toutefois être achevée le plus rapidement possible. Après l'excitation initiale, le flux deviendra plus modéré et ordonné, jusqu'à ce que la société s'y fasse et considère ce phénomène comme normal.

Outre le fait de pouvoir se déplacer librement, chaque citoyen a un droit incontestable de migrer vers des zones inhabitées. Malheureusement, la plupart des régions de la planète exemptes de présence humaine ne sont pas sans propriétaires. Par l'accaparement de ces terres, leur héritage ou le commerce de leurs ressources, certaines personnes et certains groupes en revendiquent la propriété. La micro-démocratie n'a aucune considération pour ces revendications. Vivre sur ces terres, plutôt qu'en revendiquer la propriété, est la seule façon légitime de pouvoir jouir de ses ressources naturelles. Par conséquent, chacun a le droit de s'installer sur un nouveau territoire, de développer des intérêts qui lui sont relatifs, et d'obtenir le pouvoir de décision correspondant. Attention cependant : ce genre de droits ne constitue en aucun cas des privilèges exclusifs. La terre restera toujours notre bien commun à tous !

Éducation et travail

Le système de la micro-démocratie offre aux citoyens un poids supplémentaire dans leur vote en fonction de leur niveau d'éducation et de leur expérience professionnelle, un mécanisme permettant d'améliorer la qualité des décisions. Pour éviter que ces poids électoraux ne soient considérés comme un privilège de plus, les citoyens doivent pouvoir compter sur le système pour leur offrir des opportunités d'éducation et de travail inconditionnellement égales, afin que tous aient une chance équitable d'obtenir ce pouvoir.

La plupart des pays du monde imposent aujourd'hui aux parents un certain niveau d'enseignement obligatoire pour leurs enfants, mais laissent l'enseignement supérieur et l'éducation des adultes au secteur marchand. Due aux barrières académiques et financières, l'éducation est aujourd'hui un luxe pour la plupart des adultes, et donc une source supplémentaire d'inégalité. Dans le système économique que nous avons, le taux de chômage affecte directement la stabilité de la société, parfois même son régime politique. De ce fait, le principal indicateur de performance du gouvernement est maintenant celui d'une économie en croissance générant beaucoup d'emploi. La croyance populaire veut que l'augmentation des investissements et la stimulation de la consommation soient les deux instruments les plus puissants pour parvenir à un tel dynamisme économique. Sur la base de cette croyance, le gouvernement, servant les patrons et les capitalistes, met en place de nombreuses politiques et réglementations favorables ayant pour but d'attirer les investissements, tels que des ressources publiques monopolisées, des avantages fiscaux, des subventions, etc. Le véritable objectif de ces mesures est de vendre l'intérêt public et d'aider les capitalistes à faire perdurer leur exploitation des travailleurs, avec pour conséquence d'accroître le fossé entre les riches et les pauvres et de consolider l'alliance entre les riches et les puissants. Ce fossé économique finira, par ailleurs, inéluctablement par se transformer en un fossé politique entre les élites et la classe ouvrière. D'un autre côté, le fait de stimuler avec aveuglement la demande a conduit au consumérisme, à un gaspillage colossal et à la destruction des ressources matérielles, poussant l'écosystème terrestre au bord de l'effondrement. Dans le même temps, la culture du divertissement et les publicités nous inondent de tentations créées de toutes pièces, et le peuple épuisé, tentant de suivre la mode, perd sa capacité de réflexion, succombant à des désirs matériels sans fin.

Les progrès de la science et de la technologie, avec l'automatisation et l'intelligence artificielle sont censés servir la société et le public. Ironiquement, en réalité, ces progrès menacent aujourd'hui les moyens de subsistance de la population. La destruction de certains emplois par les machines transforme de plus en plus de citoyens en « personnes inutiles »[7] pour l'économie de marché. Le progrès technologique est devenu l'ennemi des travailleurs. La réponse typique de nos gouvernants est de convertir le marché du travail vers le secteur des services, une solution non durable. Grâce à la technologie, un petit pourcentage de la main-d'œuvre totale suffit déjà à satisfaire les besoins matériels de toute la population. En parallèle, la plupart des gens travaillent aujourd'hui dans le secteur des services et s'épuisent pour répondre à des besoins inventés de toutes pièces. Les compétences requises dans le secteur des services étant souvent moins élevées, la compétition pour décrocher un poste est plus intense, plaçant les travailleurs dans une position plus défavorable que par le passé vis-à-vis des patrons. La technologie moderne a déjà la capacité de libérer la population du travail pénible : les gens pourraient travailler moins d'heures et jouir d'une vie plus détendue. Mais la réalité est toute autre : la majorité des travailleurs doivent travailler plus longtemps et pendant davantage d'années. La racine de cette absurdité réside dans les limites inhérentes au capitalisme et à l'économie de marché : dans un système capitaliste, le profit provient principalement de l'exploitation du travail, et les travailleurs acceptent cette exploitation car ils ont un besoin de consommer, une caractéristique que les machines n'ont pas. Quand les capitalistes licencient leurs travailleurs, ils réduisent également la taille de leur marché, car ils effritent la capacité de consommation de leur base de consommateurs potentiels et rétrécissent donc leur potentiel de bénéfices. Par ce raisonnement, l'on comprend que le travail humain est un élément indispensable au fonctionnement du capitalisme, et que le nombre croissant de « personnes inutiles » provoqué par la technologie moderne conduira à une instabilité sociale et menacera l'économie de marché elle-même. Tout cela entraînera un dysfonctionnement du système économique, suivi par le déclin et l'effondrement de la société capitaliste, entraînant à son tour des troubles sociaux et des catastrophes humanitaires. On le voit, il est crucial d'être capable de fournir un meilleur modèle économique et une meilleure stratégie de distribution des ressources afin de résoudre cette crise systémique. Donner à cette économie de marché condamnée une seconde vie est devenu un impératif vital de la micro-démocratie.

En redéfinissant le droit à l'éducation et en l'incluant dans les droits institutionnels, le système micro-démocratique peut résoudre à la fois les problèmes d'éducation et de l'économie. Ce droit permettra non seulement de sauver une économie de marché défaillante, mais aussi de construire une plateforme sûre et stable autorisant à l'avenir l'émergence, l'évolution et la transition pacifique de nouveaux modèles de fonctionnement économique.

Nous avons vu que la connaissance conférait un poids supplémentaire de vote dans l'élaboration des politiques, car elle contribuait à améliorer la qualité des décisions. Mais au-delà de la politique, récompenser la connaissance constitue également un très bon investissement dans la sagesse totale de la société, en accélérant le développement de la civilisation et l'accumulation de richesses. Cet investissement accroît considérablement la capacité de la population à augmenter son niveau qualité de vie et de bonheur. Ainsi, la micro-démocratie fait entrer l'éducation dans le domaine de l'emploi, en transformant la formation en une profession. Dans ce système, le gouvernement paie pour les efforts de formation des citoyens et pour les résultats de ces formations. Puisque la demande en avis décisionnels de qualité ne sera jamais saturée et qu'il y aura toujours de l'espace et des besoins pour que la technologie et la culture se développent davantage, la société peut offrir de façon illimitée aux citoyens des positions d'étudiants. Les ressources humaines, et non matérielles, constituant la principale source d'approvisionnement de l'industrie de l'éducation, une pénurie matérielle n'empêchera jamais la société de créer des emplois dans l'éducation. Le chômage involontaire disparaîtra donc à jamais.

L'offre illimitée d'emplois de formation offre la possibilité de résoudre les problématiques économiques liées à la robotique, à la production automatisée et au travail manuel. Les machines ne seront plus en position de menacer les moyens de subsistance des travailleurs, mais deviendront des progrès qui libéreront la population des industries traditionnelles et leur permettront de s'engager dans l'éducation de manière plus pratique et plus confortable.

En principe, le gouvernement d'une micro-démocratie encourage les citoyens à développer leurs connaissances dans autant de domaines que possible sans restriction. Dans la pratique, il peut exister quelques réglementations administratives ayant pour but de faciliter l'étude en fonction des propriétés du sujet et d'organiser une structure d'incitation raisonnable. Les citoyens ayant un accès inconditionnel à des ressources basiques de subsistance, les revenus générés par l'apprentissage ne sont pas destinés à la survie, mais à l'amélioration de la qualité de vie. Le secteur de l'éducation étant capable d'absorber une grande partie de la main-d'œuvre, la profession d'étudiant doit être une profession à faible revenu afin de limiter son impact sur les dépenses publiques et sur les autres industries (un tel système pouvant rendre leur accès à de la main-d'œuvre plus difficile). En réalité, le revenu ne représente qu'une petite partie des avantages que les citoyens peuvent tirer de la formation ; sa véritable récompense résidant dans les qualifications qu'ils acquièrent et l'opportunité d'accéder à de futurs emplois à haut revenu, ainsi que dans l'augmentation de leur influence sociale grâce au poids de vote supplémentaire.

Dans une société micro-démocratique, le contenu de l'enseignement doit être impartial et ouvert, afin d'assurer un cadre équitable et sûr permettant aux différentes perspectives et idées de se développer librement. Bien qu'il existera toujours une certaine séparation entre les « opinions dominantes » et les « opinions alternatives », il appartient aux citoyens de juger une idée et de décider de leur position sur celle-ci en toute indépendance sur la base de la comparaison et de l'analyse d'informations dans leur intégralité. La notion selon laquelle une idée ou une opinion serait « mainstream » (grand public) ou non constitue un concept statistique plutôt qu'une conclusion officielle d'autorités académiques. Dans ce système de formation rémunérée, ce sont les notes d'examen qui déterminent non seulement le salaire du citoyen, mais aussi le poids supplémentaire accordé à son vote. Ces voix pesant lourdement sur la politique démocratique, la fraude aux examens constitue un crime et est sévèrement punie.

Les canaux d'apprentissage sont divers. Outre les écoles traditionnelles, l'enseignement en ligne et la réalité virtuelle permettent aux étudiants d'étudier n'importe quand et n'importe où. Leur commodité et leur faible coût en font la préférence du gouvernement. Certes, il existera encore des situations, telles que l'éducation des plus jeunes, les activités nécessitant une collaboration de groupe, et les sujets d'étude exigeant des expériences et des opérations sur le terrain, etc., pour lesquelles le gouvernement devra toujours fournir des ressources matérielles. La fonction des écoles change : les écoles d'entrée sont similaires aux écoles primaires et aux collèges actuels, mais elles ne sont plus obligatoires. Les parents ont la possibilité de choisir le moment, le lieu et les méthodes d'éducation de leurs enfants. Ces écoles d'entrée, toutefois, prennent en charge les plus jeunes et leur permettent de gagner facilement un revenu (« étudiant » étant la seule profession autorisée pour les mineurs). Elles représentent donc toujours le choix le plus sage pour la plupart des parents. Puisque le gouvernement encouragera l'apprentissage tout au long de la vie et que les examens auront une influence significative sur la politique démocratique et la gouvernance sociale, le gouvernement prendra complètement en charge les évaluations et la notation scolaire. Les universités ne seront plus des autorités éducatives officielles, mais fonctionneront comme des entreprises qui fournissent aux adultes des moyens d'apprentissage efficaces et complets. Les établissements privés d'enseignement plus petits seront plus actifs et plus largement accessibles. Leur valeur résidera dans la mise à disposition de ressources spécialisées et de meilleure qualité, dans l'aide à la réussite aux examens ou dans l'enseignement de connaissances et de compétences pas encore offertes par le système d'enseignement officiel.

Nous avons précédemment pris l'exemple du *Vianland* afin d'expliquer comment les personnes titulaires d'une licence, d'un master ou d'un doctorat recevaient des poids de vote supplémentaires pour leurs nouvelles connaissances. En réalité, les universités n'auront plus la responsabilité de décerner des diplômes : c'est le gouvernement qui prendra en charge l'évaluation du niveau académique. Le système des diplômes peut être amené à être réformé de façon majeure dans une société micro-démocratique. Diverses règles relatives à la pondération des votes pourront donc s'appliquer en conséquence.

Une catégorie spéciale d'enseignement appelée *éducation civique de base* transmet toutes les compétences nécessaires aux citoyens pour participer aux activités de prise de décision démocratique. Cela comprend généralement la langue, les bases de mathématiques, la logique, la culture générale relative à la société et à la nature, et les principes de la micro-démocratie. La maîtrise de ces compétences est fondamentale pour comprendre et analyser avec précision les règles et le contenu relatifs à la prise de décision démocratique. Elles constitueront d'ailleurs le principal enseignement des écoles d'entrée. Tel qu'évoqué précédemment, les citoyens peuvent faire le choix de les apprendre grâce à des moyens alternatifs, à condition de réussir l'examen officiel de certification. Une fois certifiés, les citoyens reçoivent le droit de participer à toute activité politique. L'âge n'est plus une condition pour voter. Il est tout à fait possible pour les adolescents ayant une bonne capacité d'apprentissage de travailler dur et d'obtenir le droit de vote bien avant l'âge de 16 ans. Pour ceux qui ont des difficultés d'apprentissage ou qui sont simplement paresseux, l'âge avancé ne leur donne pas automatiquement le droit de vote. Par ailleurs, il est important de souligner que ce certificat n'est pas une condition préalable aux droits institutionnels ou aux droits sociaux.

Notre système actuel et sa contrainte de ressources empêchent la plupart des citoyens adultes qui souhaitent se former en continu d'accéder à l'enseignement supérieur. Selon les statistiques de l'ONU[8], même dans les pays développés, la durée moyenne de l'éducation par habitant au cours d'une n'est que de 12 ans. Cela limite fortement la vitesse de progrès de la science, de la technologie et de la culture. D'ailleurs, la science et la technologie d'aujourd'hui sont déjà en mesure de libérer énormément de travailleurs des emplois du « bas de l'échelle » afin de leur permettre d'étudier et de contribuer au développement de la civilisation. Les principaux obstacles à cette transformation sont d'ordre économique : remplacer la main-d'oeuvre bon marché et répétitive de travailleurs peu qualifiés par des équipements de haute technologie coûteux n'a aucune justification économique avec l'économie de marché actuelle. En outre, avec nos règles actuelles de redistribution sociale, cela menacerait même directement les moyens de subsistance des travailleurs sous-qualifiés. Par conséquent, notre modèle de redistribution sociale doit être modifié afin de garantir la sécurité financière aux travailleurs peu qualifiés, pour qu'ils puissent se former et se perfectionner et ainsi devenir des ressources humaines plus utiles à l'économie et à la société. Le fossé de main-d'œuvre causé par ces transformations rendra rentable le remplacement de ce travail humain répétitif et coûteux par de la technologie moderne. Un cercle vertueux sera ainsi formé, encourageant la mise à niveau du capital productif et faisant ruisseler ce processus à travers toute la société. La population active travaillant en bas de l'échelle étant généralement plus importante, ce moyen de libérer de la matière grise humaine sera non seulement plein de sens économique, mais également très efficace.

Il ne fait aucun doute que le retrait soudain d'une grande masse de main-d'œuvre des basses couches de la société fera du tort à l'économie et à la société. Par conséquent, au départ, l'apprentissage devrait être récompensé à un niveau très bas, jusqu'à être progressivement augmentée en fonction des progrès réels, et finalement atteindre un équilibre idéal entre le travail productif et le travail d'apprentissage. Un jour, la productivité sociale deviendra si grande qu'il n'y aura plus besoin que de quelques travailleurs pour produire les ressources nécessaires à l'ensemble de la société. La majeure partie de la population se consacrera alors à l'étude et à la recherche tout au long de sa vie.

L'Homme fera ce qu'il fait de mieux : imaginer et créer, ce dont les machines sont incapables.

Le droit de savoir

En dernière partie de ce chapitre, nous allons analyser la prise de décision en tant que traitement de l'information : comprendre une situation en recueillant les informations qui lui sont relatives et en les interprétant, les analyser afin de déterminer les éventuelles conséquences de différents programmes et scénarios, et enfin faire un choix, qu'il concerne une affaire personnelle ou la politique nationale. Celui qui contrôle la diffusion de l'information contrôle les décisions. L'information a une très forte influence sur l'attitude et les réactions des personnes touchées comme des exécutants, et par conséquent sur le résultat final. Pour les politiciens, l'information est un complément puissant à la force : son impact est souvent bien plus important que la simple violence. Dans un régime autocratique, la maîtrise du pouvoir décisionnel par le dirigeant repose principalement sur la force, et le contrôle étroit de l'information rend l'exercice du pouvoir beaucoup plus simple et efficace. À l'ère de la démocratie, la nécessité pour un gouvernement d'utiliser la force a relativement perdu de sa pertinence, le système préférant l'information comme véritable source du pouvoir. Ceux qui manipulent cette information dissimulent soigneusement ce fait afin de pouvoir continuer de jouir secrètement de ses avantages. Ils diffusent leur désinformation auprès du public grâce aux réseaux de médias, par exemple avec des émissions de confrontations et de débats entre des hommes politiques triés par leurs soins, débats aussi faux qu'un combat de catch à la télé. Toutes ces tricheries divertissantes n'ont qu'un seul but : donner au public l'illusion qu'il est spectateur et juge de la vérité, ignorant qu'il se fait manipuler. La vérité serait en effet trop choquante, nos gouvernants utilisant même l'excuse des prétendus secrets d'État pour ne pas avoir à la révéler. Arrivé à ce niveau de corruption systémique, le processus décisionnel démocratique s'est complètement écarté de son idéal et de son objectif initial et est devenu une sorte de « narcotique ». L'organe manipulateur n'a qu'à instiller les « bonnes » informations dans la psyché du public, et ainsi obtenir le dénouement électoral qu'il souhaite. La soi-disant démocratie devient en fait le résultat des compétences de ses dirigeants en matière de création de l'information et de tromperie. L'information étant devenue si cruciale aujourd'hui, le droit de savoir est indispensable à l'authenticité d'une démocratie et est l'un des droits institutionnels les plus importants de la micro-démocratie. Dans une société réellement démocratique, tout déguisement, fraude ou dissimulation doit être traité comme un crime extrêmement grave.

Il n'y a pas, à proprement parler, de mal à tenter de vendre ses idées à la population. Un processus de persuasion et de débat honnête peut aider chaque citoyen à mieux comprendre les différentes opinions et à porter des jugements judicieux. Toutefois, dissimuler et diffuser intentionnellement des informations erronées est un acte malveillant, est doit donc être traité tout à fait différemment. Malheureusement, dans nos conditions politiques actuelles, les deux types de comportements évoqués ci-dessus sont indissociables. Ce n'est que par des changements radicaux, accordant aux citoyens un pouvoir absolu sur l'information, que le public pourra accéder à la vérité.

Dans une micro-démocratie, le gouvernement est tenu de publier toutes les informations publiques qu'il a à sa disposition sans condition, sans réserve et de manière proactive. Si un fonctionnaire dissimule, altère ou omet des informations publiques, que ce soit intentionnellement ou par négligence, il commet alors un délit. Les exigences d'authenticité de l'information ne sont cependant pas limitées aux fonctionnaires, mais aussi aux citoyens ordinaires. Si un éditeur ne diffuse qu'involontairement des informations erronées, il est tenu de les corriger ouvertement dès qu'il aura pris connaissance d'informations plus exactes. En outre, les informations publiées via les canaux officiels doivent être clairement labellisées en tant que spéculations, opinions, etc. afin d'éviter que le public ne les interprète de manière inexacte.

Dans la société actuelle, les principaux organismes de presse et les plateformes d'information sont souvent contrôlés et monopolisés par la classe dominante et des groupes d'intérêts particuliers par le biais de moyens administratifs et financiers. Ces instruments sont utilisés dans le but d'insuffler au public un volume considérable d'information et d'opinions. Ces informations sont, souvent, non seulement fortement biaisées, mais sont aussi parfois totalement trompeuses. Même si l'information peut parfois être correcte, il se peut qu'elle soit déformée et qu'elle soit alors mal interprétée. Un système neutre d'indexation des informations officielles aurait la capacité d'atténuer ces phénomènes néfastes et pourrait aider le public à acquérir une information complète et à en retracer les sources. En outre, pour tout ce qui concerne les activités décisionnelles, un canal officiel pourrait fournir à toutes les parties une plateforme de communication publique, bénéfique en particulier aux camps désavantagés par l'influence des médias. Le gouvernement du *Vianland* peut par exemple mettre en place un site web officiel de soutien à la prise de décision démocratique, qui permette au porte-parole principal de chaque option de vote de diffuser un maximum de 20 minutes de vidéo et de 20 pages de texte et de graphiques afin d'élaborer et de promouvoir leurs positions.

Lorsque tous les droits institutionnels susmentionnés fonctionnent en synergie, les conséquences positives pour la société en sont décuplées. L'égalité et l'utilité sociales s'en voient accrues et de meilleures décisions sont prises. Par ailleurs, même s'il n'est équipé que d'un sous-ensemble de ces droits institutionnels, un pays micro-démocratique surpasse encore de loin les démocraties représentatives actuelles en termes de bonheur et de bien-être de la population. Comme nous l'avons vu dans l'analyse précédente, les capacités scientifiques et technologiques ainsi que la richesse matérielle actuelle sont suffisantes pour garantir tous les droits institutionnels dans une société. Toutefois, une situation de crise soudaine et temporaire entraînant des pertes ou une dépense sociale massive peut compromettre la capacité du tissu productif à assurer le maintien de l'ensemble des droits institutionnels. Certains droits peuvent être alors temporairement suspendus ou réduits en conséquence. Dans certains cas extrêmes comme les guerres, il peut être nécessaire de sacrifier temporairement certains droits institutionnels mineurs pour protéger les droits les plus importants.

Par exemple, en temps de guerre, il peut arriver qu'une immense quantité de ressources sociales puisse être endommagée ou réquisitionnée pour l'effort de guerre, un phénomène pouvant affecter les ressources de subsistance personnelles et les droits de propriété sur les actifs et biens individuels. De plus, la mobilisation et le déploiement de guerre peuvent restreindre les droits de prendre des décisions libres en matière d'affaires personnelles et la liberté de migration. Pour assurer la victoire, il est généralement nécessaire de recourir à toutes sortes de tromperies ayant pour but de confondre l'ennemi. Cela entraîne inévitablement l'annulation du droit de savoir du public. Autres exemples, une pandémie peut entraîner la restriction de la liberté de circulation des personnes entre certaines régions et à l'intérieur de ce celles-ci, et une catastrophe naturelle grave peut entraîner la réduction des droits matériels personnels. Nous pouvons également imaginer que, lorsque la guerre mentionnée ci-dessus se déclenchera, le droit à l'éducation risque également d'être temporairement suspendu alors que la main-d'œuvre est déployée sur les champs de bataille pour défendre le pays et les vies humaines. Concrètement, dans les situations les plus critiques, les droits de l'homme sont d'évidence non seulement compromis, mais le mécanisme de prise de décision lui-même peut être amené à être temporairement basculé vers un mode collectif, voire autocratique. En abandonnant le principe de priorité à l'individu, la nation peut tirer parti de la force du collectif pour surmonter des menaces immédiates.

Un système micro-démocratique doit prévoir des mécanismes qui permettent d'éviter de provoquer, de prolonger ou d'étendre inutilement des crises, en protégeant les fondements économiques d'une société libre. Lorsque des crises surviennent, une micro-démocratie doit également faire preuve de prudence quand il s'agit de prendre des mesures réduisant les droits institutionnels. La priorité doit être donnée aux mécanismes de reprise et de restauration, afin qu'une fois la crise atténuée, la société puisse automatiquement retourner à son état micro-démocratique, de manière fiable et sans heurt. Un tel mécanisme est fondamental dans la constitution d'une micro-démocratie et doit obligatoirement être intégré à l'éducation civique de base.

Par ailleurs, lorsqu'il est prévu d'imposer des restrictions temporaires aux droits institutionnels, un principe de base doit être respecté : dans la mesure du possible, le sacrifice de droits institutionnels secondaires doit permettre de mettre la priorité sur les droits les plus importants. L'importance des droits institutionnels se distingue parmi trois niveaux de priorités :

Première priorité :

- Sécurité et liberté des personnes
- Pouvoir de décision en matière d'affaires personnelles
- Droit de savoir

Deuxième priorité :

- Ressources de subsistance personnelles
- Biens personnels

Troisième priorité :

- Éducation et travail
- Liberté de migration

Prenons l'exemple du *Vianland*. Sa constitution stipule qu'en cas de crise sociale majeure, toute restriction temporaire de quelconque mécanisme de décision micro-démocratique et droit institutionnel ne peut être autorisée que par une résolution votée par l'ensemble du peuple. La durée de validité maximale de ces résolutions est de trois mois. Toute prolongation doit être approuvée par un nouveau vote de l'ensemble de la population, avec un maximum de trois mois à chaque fois. En outre, les restrictions aux droits institutionnels doivent être aussi peu nombreuses que possible et sélectionnées par ordre de priorité ascendante. Le droit de savoir, en particulier, ne peut être limité sauf en cas de guerre. Une fois la période de validité de la résolution terminée, les mécanismes de micro-démocratie et les droits institutionnels doivent être entièrement et automatiquement rétablis, et toutes les informations ayant été classées confidentielles pendant la guerre doivent être rendues publiques.

 # Le Droit

Les lois constituent des codes de conduite sociale et sont appliquées par la force par les autorités politiques. Elles se répartissent en trois catégories :

1. Des exigences comportementales oppressives qui reflètent la volonté du groupe au pouvoir.
2. Des conventions sociales qui découlent naturellement des valeurs communes de la population.
3. Des protocoles techniques neutres.

D'une manière générale, ces deux derniers sont alignés aux souhaits et aux intérêts de la population. Elle est donc encline à les reconnaître, à les respecter et à s'y conformer. À l'opposé, les opprimés résisteront inévitablement aux exigences comportementales oppressives. Plus la proportion d'exigences oppressives figurant dans la loi est élevée et plus elles sont sévères, plus le public se défend avec acharnement et plus le gouvernement dépend alors de la violence légale pour faire respecter la loi. En d'autres termes, l'ampleur et la force du pouvoir judiciaire coercitif sont positivement liées à la proportion de clauses oppressives que contiennent les lois. Sur cette base, nous pouvons généralement déduire du niveau de développement et d'authenticité de la démocratie d'une nation donnée.

Dans une société idéale, la législation est en harmonie avec l'opinion publique et les gens respectent spontanément la loi. Le respect de ces lois est par ailleurs assuré par le bien-être de la société, les sentiments de justice, les sentiments de honte, le pouvoir coercitif du pouvoir judiciaire ne jouant qu'un second rôle. Mais cela ne se produit qu'après l'élimination de la première catégorie de lois mentionnée ci-dessus, ce que fait une micro-démocratie. Chaque citoyen pouvant voter directement, la structure politique n'a plus besoin de classe dirigeante, et ces exigences comportementales oppressives s'effacent avec elle.

C'est la recherche de l'utilité sociale qui pousse le public à adopter certaines dispositions légales. Ainsi, dans un pays micro-démocratique, la deuxième catégorie de lois constituera la majorité des lois communautaires. Les conventions relatives au comportement en société ayant tendance à se former spontanément et dynamiquement, elles suivent des cycles de vie spécifiques. Les différences de conventions entre régions, cultures, coutumes et religions sont inévitables. Les règles relatives à l'attribution de poids de vote, combinées à la libre circulation des personnes, donnent à ces lois leur caractère régional et dynamique. Cela est l'exact opposé de l'universalité et de l'uniformité que l'on retrouve dans les systèmes juridiques nationaux modernes ; c'est aussi la principale distinction entre les systèmes juridiques d'une micro-démocratie et les systèmes actuels.

Les constitutions de micro-démocratie sont l'exemple le plus évident de lois de la troisième catégorie. Elles consistent en des protocoles techniques neutres, classés dans deux principales catégories : la première concerne la protection institutionnelle des droits de l'homme, qui garantit que les citoyens puissent exprimer leur volonté de manière indépendante et authentique dans le cadre des activités démocratiques de la collectivité. La deuxième catégorie concerne les codes de fonctionnement démocratique, là pour garantir que la prise de décision soit ordonnée et productive. Ensemble, ils constituent une plateforme décisionnelle démocratique absolument neutre. Elle ne présuppose pas le contenu, ni n'interfère avec les conclusions, permettant aux citoyens de s'autodéterminer au maximum. Correspondant aux deux catégories, la *Loi de protection institutionnelle des droits de l'homme* et la *Loi sur la prise de décision démocratique* sont les deux principales lois constitutionnelles de la micro-démocratie.

La troisième catégorie de lois comprend des protocoles d'opération et des spécifications techniques chargés de régir la vie quotidienne, telles que des lois relatives au transport, aux contrats, à la monnaie, à l'éducation, à la sécurité publique, etc. Elles s'appliquent à tous les citoyens à l'échelle nationale et sont donc appelées *Droit commun national* ou *Droit national*. En raison de sa large influence et d'un soucis de grande stabilité, son contenu doit être limité au minimum nécessaire et doit rester neutre, afin de réduire la fréquence d'éventuelles modifications.

Le système juridique de la micro-démocratie est également conçu avec la séparation des définitions des clauses juridiques et des sanctions. Prenons l'exemple de la constitution et des lois nationales : leurs articles juridiques stipulent les actes obligatoires et interdits, mais ne prévoient pas de sanction en cas de violation. En effet, les caractéristiques conceptuelles des actes visés par les lois sont relativement claires et stables, tandis que la détermination des sanctions implique des considérations bien plus détaillées, avec des classifications compliquées pour chaque violation, différents critères de condamnation et planchers de condamnation. La séparation entre la définition relativement simple d'un acte et les différentes et inconstantes méthodes de sanction facilite la gestion et l'utilisation des lois. Par ce mécanisme, chaque loi est associée à une *Directive sur les peines* correspondante, qui constitue un document complémentaire pouvant être révisé de manière indépendante grâce aux procédures micro-démocratiques. Pour les lois constitutionnelles, par exemple, nous trouverons les documents complémentaires suivants : *Directive sur les peines relatives à la loi de protection institutionnelle des droits de l'homme* et *Directive sur les peines relatives à la loi de prise de décision démocratique.* Le même principe s'applique à toutes les lois. Par exemple, pour la *Loi sur la circulation routière,* il y aura une *Directive sur les peines relatives à la loi sur la circulation routière.*

Les directives relatives aux peines précisent les critères de condamnation ainsi que les sanctions en cas de violation. Ces sanctions peuvent être définies soit comme spécifiques et fixes, soit comme une fourchette. Lorsqu'il s'agit d'une fourchette, des amendements peuvent y être apportés par la législation locale de chaque sous-région, réduisant la fourchette de sanctions. Par exemple, le contenu de la constitution et des lois nationales ainsi que leurs fourchettes de sanctions au niveau national sont formulés par l'ensemble de la population du pays. Bien que le contenu soit intouchable par les sous-régions, la population a tout de même la possibilité d'amender et d'affiner les sanctions au niveau régional, tant que les normes de sanction locales n'entrent pas en conflit avec celles appliquées au niveau national.

Par exemple, au *Vianland,* la *Directive sur les peines relatives à la loi de protection institutionnelle des droits de l'homme* au niveau national définit les critères de condamnation et les peines pour le crime de vol : le vol de biens personnels d'une valeur de 1 000 à 10 000 euros est passible de 7 à 180 jours de prison. Dans les régions où aucun amendement n'a été fait à cette directive, les condamnations pour de tels crimes peuvent être prononcées à n'importe quel niveau de cette fourchette. Dans une sous-région A, en raison d'une influence religieuse et culturelle, les populations locales éprouvent un vif ressentiment à l'égard de ces crimes. Grâce à la procédure micro-démocratique, les citoyens peuvent apporter un amendement à cette directive :

Directive sur les peines relatives à la loi de protection institutionnelle des droits de l'homme - Révision pour la région A. Avec cette révision, la fourchette de peines a été redéfinie comme allant de 90 à 180 jours. Cela signifie que pour un tel crime commis dans cette région, la peine minimale est portée à 90 jours de prison. En outre, sur le territoire de cette région A, nous avons une ville A1 jouissant de bonnes conditions économiques. 10 000 euros étant une somme relativement faible pour les habitants de cette ville, ils décident de réviser la fourchette de peine de 90 à 120 jours avec un nouveau document juridique : *Directive sur les peines relatives à la loi de protection institutionnelle des droits de l'homme - Révision pour la ville A1.* Cette révision réduit la peine maximale pour de tels crimes. En revanche, la peine minimale reste inchangée afin d'éviter des conflits avec la norme fixée pour la région A. Comme le montrent les exemples, les fourchettes de peines se réduisent avec le rétrécissement de l'échelon démocratique, de sorte que la population puisse exercer un contrôle subsidiaire sur les peines encourues.

En plus de la constitution et des lois nationales, chaque région peut établir un *Droit régional commun* ou *Droit régional*. Les lois régionales se divisent en deux catégories : les lois régionales relatives aux droits sociaux et les réglementations administratives locales.

Comparés aux droits institutionnels, les droits sociaux sont relatifs et flexibles. Par exemple, en légiférant les lois régionales sur les droits en matière de protection sociale, les régions économiquement développées peuvent offrir à leurs résidents des standards de protection plus élevés, de meilleures conditions de travail, un temps de travail moins long, plus de vacances, etc. Ces standards peuvent être inabordables pour d'autres régions économiquement sous-développées. Toutefois, en cas de récession économique ou de catastrophe naturelle, il peut arriver que ces régions développées ne soient plus en mesure de garantir la protection sociale qu'elle offrait auparavant. Parfois, certains droits sociaux peuvent remonter à des traditions et coutumes religieuses. Lorsque l'environnement social et culturel change, il peut être nécessaire de réformer les droits correspondants. Dans ces situations, le processus décisionnel de la micro-démocratie offre une solution de normalisation de l'ajustement dynamique des droits en matière de protection sociale.

Les droits en matière de protection sociale prévus par les lois régionales peuvent être amendés dans n'importe quelle région et à n'importe quel niveau. Contrairement à la règle de la fourchette de peines, les droits sociaux des collectivités d'échelon inférieur ne peuvent qu'améliorer les standards des collectivités à échelon supérieur ou en étendre le périmètre. Par exemple, si la région B du *Vianland* a établi la semaine de travail de cinq jours, les résidents de sa ville subordonnée B1 ne peuvent que choisir d'améliorer ce standard, par exemple à quatre jours de travail par semaine, ou d'étendre ses règles afin de limiter les heures de travail quotidiennes. Cette ville ne peut cependant pas faire entrer en conflit ses droits locaux en matière de protection sociale avec ceux des collectivités d'échelon supérieur, par exemple celles ayant établi la semaine de travail à six jours.

Tout comme les lois nationales, les lois régionales suivent également le principe de la séparation entre le contenu des clauses juridiques et les peines. Les sanctions peuvent également être révisées indépendamment grâce aux procédures de la micro-démocratie, et là encore, la fourchette des peines des collectivités d'échelon inférieur doit se situer dans celle des échelons supérieurs.

Les lois régionales ne doivent pas entrer en conflit avec la constitution et les lois nationales, y compris en ce qui concerne la formulation des peines. Par exemple, les actes criminels qui enfreignent les lois constitutionnelles violent les droits institutionnels des citoyens ou mettent en danger les institutions qui les protègent (le fonctionnement même de la micro-démocratie). Selon le principe d'équivalence générale et de proportionnalité, la sanction doit également viser les droits institutionnels des criminels. Cela consiste généralement à les priver de leur liberté, c'est-à-dire à les emprisonner. En revanche, pour les actes qui ne violent que les droits sociaux, les contrevenants ne doivent pas être punis en se voyant retirer leurs droits institutionnels, protégés par la constitution. Pour éviter cette situation, les sanctions prévues par les lois régionales doivent se limiter à cibler les droits non institutionnels, généralement sous la forme de sanctions financières telles que des amendes, ou des privations de droits locaux.

Les différences de fonctions entre les droits institutionnels et les droits sociaux déterminent le statut des lois auxquelles ils correspondent. Les lois nationales jouent un rôle plus critique dans le fonctionnement du système micro-démocratique, et doivent donc être strictement appliquées par le gouvernement et le pouvoir judiciaire par des actions en justice proactives : toute violation doit être poursuivie sans condition. Quant aux lois régionales, les résidents locaux peuvent décider de la manière dont ces lois doivent être appliquées : soit sous la forme d'affaires pénales engagées par le pouvoir judiciaire local, soit sous la forme de procès civils qui vont devant les tribunaux.

Dans les systèmes de droit civil[1] et de droit maritime[2] d'aujourd'hui, les principes de détermination des crimes sont différents. Le premier met l'accent sur l'interprétation des textes juridiques et s'efforce de faire en sorte que le jugement reflète fidèlement l'intention initiale du législateur ; le second valorise les précédents afin de compléter et d'améliorer la précision juridique, et que les standards de peines soient équitables et cohérents entre chaque affaire. D'une manière générale, en raison de l'absence de jurisprudence antérieure, l'interprétation des lois joue un rôle plus important pour les lois nouvellement publiées. Toutefois, lorsque les dispositions légales ne sont pas très claires, des interprétations différentes peuvent entraîner des incohérences, voire des contradictions. Ainsi, pour les lois promulguées de longue date, il est généralement plus juste de se référer aux précédents juridiques. Néanmoins, si des précédents déraisonnables sont créés pour des situations spécifiques, ce caractère déraisonnable sera alors hérité par les cas suivants, produisant des conventions dépassées et parfois ridicules.

Le système de la micro-démocratie permet à la population de créer, de réviser et d'abroger des lois plus activement et plus fréquemment. Il rend la durée de validité d'une version juridique relativement plus courte, réduisant par conséquent le nombre de précédents. L'interprétation des textes juridiques est dans ce cas généralement privilégiée pour traiter une affaire. Et si le texte de la loi est ambigu, les précédents cumulés peuvent toujours aider. Toutefois, une fois la loi amendée, les précédents accumulés relatifs à l'ancienne version doivent être supprimés et recréés si nécessaire. Cette règle offre aux citoyens un moyen efficace de corriger les précédents juridiques inappropriés. Lorsque le public constate que des précédents se sont écartés de l'intention initiale de la législation, paraissent absurdes ou ne reflètent plus l'opinion publique, il peut alors mettre en œuvre des amendements par le biais de procédures micro-démocratiques et publier une nouvelle version.

La stabilité et l'universalité des lois permettent à la population de planifier à long terme et de prévoir avec précision les conséquences de leurs propres actions ainsi que des comportements de leurs concitoyens. Mais l'importance de cette stabilité est parfois surestimée et souvent utilisée par les classes dirigeantes et les groupes d'intérêts particuliers pour maintenir l'ordre en place, rendant extrêmement difficiles la modification et l'amélioration de ces règles déraisonnables et dépassées. Cette stabilité donne également l'illusion que cet ordre artificiel est aussi absolu et incontestable que les lois de la nature. La population est alors persuadée de devoir céder au statu quo, même si celui-ci est éloigné de leurs volontés ou de leurs intérêts. D'autre part, certaines personnes tentent d'utiliser l'aspect universel des lois pour mettre dans le même moule des idées et des coutumes sociales diverses, avec pour résultat de voir soit la communauté dominante forcer les minorités à se soumettre, soit que toutes les communautés fassent des compromis. Bien qu'il est difficile d'éviter complètement ces problèmes, une bonne conception diverse de la hiérarchie peut contribuer à considérablement réduire leur impact.

Les systèmes juridiques d'une micro-démocratie privilégient l'utilité sociale au prix d'une stabilité et d'une universalité réduites. En théorie, cela peut sembler affecter la capacité de la population à anticiper les conséquences de leurs comportements et à faire des plans sur le long terme. En réalité, l'attention que la population porte aux dispositions légales se recentre sur la source des lois : la volonté publique. Par conséquent, bien que les lois (principalement les lois régionales) aient tendance à être révisées plus fréquemment, la modification des lois est anticipée par les citoyens. Les lois reflétant plus fidèlement les valeurs et les souhaits de la population, les individus vivant au sein de la société restent toujours au fait de l'orientation générale des lois grâce à leurs relations et aux activités sociales environnantes. En outre, lorsqu'une loi est adoptée par consultation citoyenne, l'étendue de la victoire de l'option adoptée indique directement la difficulté ou la possibilité qu'elle soit renversée ou révisée. La population peut donc avoir une estimation assez précise de l'étendue de sa stabilité. Par ce système, les lacunes des lois sont plus rapidement identifiées et corrigées, diminuant les comportements spéculatifs.

La modification de lois concerne également les actions passées. En règle générale, si le comportement licite vis-à-vis de l'ancienne loi s'est produit avant l'entrée en vigueur de la nouvelle, qu'il ait ou non violé la nouvelle loi, ce comportement ne doit pas être puni. Dans certains contextes, pendant une période de grâce, le gouvernement peut être amené à prendre des mesures préventives contre des actes qui entraîneraient la violation de la nouvelle loi. Toutefois, ces mesures doivent toujours se limiter à la prévention et ne pas être obligatoires, plutôt que d'imposer des sanctions avant l'entrée en vigueur de la nouvelle loi.

Dans une micro-démocratie, l'élaboration des politiques et celle des lois sont une seule et même chose. Les citoyens font usage des mêmes outils et du même processus démocratiques pour prendre des décisions concernant les deux. Le système d'information de la micro-démocratie offre les mêmes services en matière d'assistance juridique.

Pour aider les citoyens à faire face aux changements législatifs, le système d'information de la micro-démocratie fournit de nombreux services, tels que des notifications, des prévisions d'impact potentiel, des recommandations sur la planification de la vie des citoyens, etc. Le système fournit également des comparaisons régionales des lois et des rappels lorsqu'un citoyen se déplace d'une région à une autre.

Lorsqu'il n'y a pas de débat sur les faits, le système peut automatiser les décisions judiciaires et leur application. Cela réduira considérablement les frais de justice pour les citoyens ordinaires. Puisqu'il n'y a plus de classe dirigeante ayant mainmise sur les ressources juridiques oppressives, l'injustice sociale s'en verra probablement réduite. Il convient toutefois de souligner que l'automatisation des procédures judiciaires ne constitue qu'un outil auxiliaire et ne remplace en aucun cas les décisions humaines. En ce qui concerne les décisions juridiques, l'humain détient toujours la plus haute autorité ; les jugements automatisés du système ne constituent jamais la décision finale, quelles que soient les circonstances. Le système d'information de la micro-démocratie est également utilisé pour faire appel d'une décision et pour la protection des droits des citoyens. Si une partie soulève des objections ou fait appel par ce biais, l'affaire traitée automatiquement doit être réexaminé dans le cadre d'une procédure judiciaire humaine.

Les dispositions juridiques sont principalement formulées pour répondre à des situations fréquentes et peuvent être parfois assez abstraites et génériques. Elles répondent le plus souvent aux attentes des citoyens en matière de condamnations et de peines pour des infractions courantes. Inévitablement, nous trouverons toujours des exceptions où les condamnations et les peines fixées par la loi s'écartent considérablement des convictions et de l'affection du public. En ce qui concerne les affaires traitant d'infractions « raisonnables, mais illégales », deux points de vue s'opposent typiquement. Beaucoup pensent que c'est le prix à payer dans une société de droit. Ce n'est qu'en adhérant à l'autorité absolue de la loi et en ne traitant aucune affaire comme une exception que l'on peut faire en sorte que les règles soient prises sérieusement et éviter la corruption. D'un autre côté, beaucoup affirment que les lois sont, fondamentalement, le reflet des valeurs et des convictions de la population. Lorsque l'intention initiale d'une législation n'est pas représentée avec précision en raison de défauts dans la structure ou dans la formulation du texte juridique, l'intention réelle de la loi doit être clarifiée et statuée par l'apport de corrections via des opérations exceptionnelles. Ces deux points de vue ayant chacun leurs justifications et leurs inconvénients, le système juridique de la micro-démocratie permet à ce paradoxe d'être soigneusement contourné par des procédures démocratiques. Tout d'abord, les affaires dont les faits sont clairs et la logique doivent faire l'objet d'un traitement automatisé par une intelligence artificielle de pointe. Les autres affaires nécessitant une décision humaine doivent être traitées de manière aussi transparente que possible pour le public. Pour les affaires ayant déjà donné lieu à une condamnation, des grâces ou des commutations peuvent être autorisées dans des circonstances exceptionnelles. Ce n'est alors plus aux fonctionnaires du gouvernement qu'il appartient de prendre une décision, mais aux citoyens de se prononcer sur les demandes d'appel faites dans le cadre de la procédure démocratique. Il est évident que, pour limiter l'ingérence dans les activités judiciaires quotidiennes, les critères de ces recours doivent être très rigoureux. Par exemple, au *Vianland*, un citoyen a la possibilité de faire appel de la décision dans une affaire ayant donné lieu à une condamnation. Cette demande constitue un type spécial de proposition, qui ne peut être acceptée qu'à plus de 70 % des poids de soutien, et dont l'adoption ne peut se faire qu'à plus de 90 % du total des voix.

Idéalement, le périmètre de compétence des lois devrait strictement correspondre à la division administrative des régions, afin que les politiques et les lois entre les régions soient concordantes et équitables. Dans un système micro-démocratique, il n'y a pas de différence fondamentale entre la prise de décision administrative et la prise de décision législative. Cette unité est donc rationnelle, mais aussi inévitable. Dans le même temps, la région administrative doit refléter la composition sociale réelle du territoire, à savoir certaines opinions publiques généralement propres au groupe social dominant dans la région. La composition des groupes sociaux régionaux étant dynamique en soi, les régions administratives adjacentes doivent également s'adapter pour s'y conformer, que ce soit par l'ajustement de frontières, des fusions ou des divisions administratives. En outre, les groupes sociaux dominants d'une région peuvent se subdiviser en plusieurs branches sociales. Nous pouvons également imaginer la formation de régions sous-administratives au sein même de chaque région.

Pour des raisons pratiques, ces ajustements ne doivent pas se produire trop fréquemment sous peine de saturer les institutions administratives et judiciaires ou de perturber le fonctionnement de la société. Si l'on prend l'exemple du *Vianland*, de telles modifications doivent remplir les conditions suivantes afin de devenir des propositions valables :

Pour diviser une région administrative ou en ajouter un d'échelon inférieur, toutes les conditions suivantes doivent être remplies :

1. Dans tout périmètre circulaire d'un rayon de 50 kilomètres ou plus, ou dans toute autre zone continue d'une superficie de 2 000 kilomètres carrés ou plus, la composition de la population a changé de plus de 30 % (emménagement, déménagement ou changement naturel).
2. La région administrative supérieure immédiate n'a pas été redécoupée au cours des cinq dernières années.
3. Plus de 50 % de la population de la région a explicitement demandé le redécoupage.

Pour fusionner des régions administratives, toutes les conditions suivantes doivent être remplies :

1.   Toutes les régions administratives concernées n'ont pas été redécoupées au cours des deux dernières années.
2.   Plus de 30 % de la population de chaque région administrative concernée a explicitement demandé le redécoupage.

L'ajustement des limites des régions administratives adjacentes doit se faire en deux étapes : diviser, puis recombiner. Une nouvelle région administrative doit d'abord hériter de l'ensemble des lois d'une région existante (afin d'éviter un vide juridique), puis les améliorer et les réviser progressivement par des procédures démocratiques.

Le chevauchement de régions administratives et de juridictions peut entraîner une pagaille bureaucratique. Il est essentiel de déterminer si le personnel doit alors travailler de manière plus étroite, intégrée et fusionnée, ou de manière plus indépendante. Au sein de nombreux gouvernements actuels, que les deux cadres susmentionnés soient indépendants en matière de cadre institutionnel ou seulement de nom, leur personnel a établi une relation de travail et de coopération stable et étroite. Ce type de collaboration stable et de long terme améliore, d'une part, l'efficacité de l'application des lois. Il est, d'autre part, également courant qu'une telle alliance affecte l'équité de la justice. Au cours de certains conflits juridiques voyant une partie composée de citoyens et l'autre d'organismes ou de fonctionnaires administratifs, les institutions judiciaires ont souvent tendance à favoriser ces derniers en raison de leurs relations et de leur collaboration étroite, la tentation du marchandage de pouvoir étant généralement difficile à résister.

Afin d'assurer une certaine normalisation judiciaire et d'éviter toute corruption, il est plus sage de faire fonctionner le système juridique indépendamment du système administratif. Un système judiciaire unifié doit donc être développé sur l'ensemble du territoire du pays afin de pouvoir gérer et déployer la *Grille juridique* de manière cohérente. Ce système prendra en charge à la fois les tâches juridiques nationales et régionales. Si des lois ou des régions administratives sont modifiées, le système judiciaire n'a généralement pas besoin de modifier son organisation interne et ses effectifs, mais doit simplement mettre à jour les paramètres des lois applicables des cellules de la grille juridique concernées et faire appliquer ces nouveaux paramètres dans ses activités judiciaires à venir. Bien que le déploiement d'un personnel dynamique est parfois nécessaire pour gérer la charge de travail des tâches juridiques, la juridiction régionale et la hiérarchie de la grille peuvent rester stables, même dans ce cas de figure. Il se peut que, pour des agents spécifiques de la force publique, dans la zone relevant de leur juridiction, ou de leurs cellules de grille juridique, ils se doivent d'appliquer différentes lois alors en vigueur à différents moments. Ce type d'adaptation des services répressifs deviendra une pratique courante dans un système micro-démocratique et l'adaptation à ces changements deviendra une compétence de base des institutions et du personnel judiciaires. Cette situation confère également un rôle plus actif à l'automatisation, qui contribue à améliorer l'équité et l'impartialité des décisions et procédés tout en réduisant les erreurs humaines dans les activités juridiques.

Chapitre 6 Le Gouvernement

Dans une micro-démocratie, les citoyens reprennent le pouvoir de décision des mains du gouvernement. Les agents représentatifs, les chefs d'État, les députés et les organes de décision du gouvernement, tous perdent leur position privilégiée dans ce système politique. Les nouveaux dirigeants politiques, les agents de consultation politique et les partis politiques peuvent rester pertinents, mais leur rôle est relégué à des services de second plan et véritablement publics. En raison de leur nature ouverte et dynamique, ils ne font plus partie du gouvernement et permettent au peuple de redevenir le centre de gravité politique du territoire. Quant au gouvernement, il n'est plus le décideur politique, mais l'exécuteur et le responsable des politiques publiques. Il garde cependant tout de même des fonctions importantes.

Tout d'abord, il doit y avoir un *Ministère responsable du système*. Sa mission sera d'assurer un fonctionnement adéquat des systèmes d'information de la micro-démocratie. Cela inclut le développement, l'exploitation et l'entretien des systèmes d'information, la sécurisation des services réguliers de l'infrastructure, la gestion et la distribution des appareils personnels, et l'assistance aux citoyens pour qu'ils puissent faire un usage efficace des équipements permettant au système micro-démocratique de fonctionner.

Ensuite, nous avons le *Ministère exécutif*. Celui-ci est responsable de la gestion et de la coordination de la mise en œuvre et de l'exécution des résolutions. Une fois une résolution adoptée, le gouvernement doit immédiatement engager la procédure appropriée afin de lancer la planification de son exécution, de déployer du personnel et des ressources, et de coordonner les autres ministères dans le but de sa mise en œuvre. En cours de route, le gouvernement peut être amené à prendre quelques décisions microscopiques relatives à l'exécution. Ces décisions doivent suivre fidèlement l'intention réelle de la résolution. Ces décisions ne venant qu'en complément de la résolution originale, leur cycle de vie doit toujours dépendre de la résolution elle-même. Elles ne doivent donc jamais rester actives une fois l'exécution de la résolution achevée.

Le gouvernement a également besoin d'un mécanisme d'autosurveillance, de communication d'informations et d'évaluation de ses performances, afin que les citoyens puissent suivre avec précision les travaux du gouvernement et influer sur ces travaux en temps utile. Il doit pouvoir identifier et corriger certaines situations relatives à une mauvaise interprétation des décisions, à des retards de mise en œuvre, à des modifications du champ d'exécution, etc. En cas d'abus de pouvoir manifestement malveillant, des actions administratives et judiciaires seront automatiquement engagées contre les responsables. Tout cela relève de la compétence du *Ministère de supervision.*

Parmi les trois grands ministères susmentionnés, le Ministère de supervision détient une indépendance et une autorité supérieures. Par exemple, au *Vianland*, le Ministère de supervision du gouvernement publie des rapports mensuels d'audit et d'exécution destinés à tous les autres ministères. Tous les trimestres, le peuple tout entier effectue un vote de confiance afin d'évaluer chaque ministère gouvernemental. Si un ministère reçoit une note trimestrielle inférieure à 30 % ou deux notes trimestrielles consécutives inférieures à 50 %, le ministre doit être démis de ses fonctions. Pour les ministères dont la notation trimestrielle est inférieure à 10 % ou dont deux notations trimestrielles consécutives sont inférieures à 30 %, une réorganisation obligatoire est déclenchée. Si cette situation arrive, le ministre renvoyé ne peut plus occuper le même poste ou un poste de niveau supérieur pendant les cinq années qui suivent, et le ministère réorganisé doit remplacer au moins la moitié de ses employés.

Le système de démocratie représentative agit via trois branches de gouvernement (législative, exécutive et judiciaire), qui constituent les trois points d'appui du pouvoir. Ces trois branches se restreignent mutuellement afin de limiter la corruption. Cependant, la puissance démesurée du pouvoir exécutif rend ce triangle dit de « séparation des pouvoirs »[1] très fragile, au point de l'écraser. Et cela n'est rien comparé au réel problème : le pouvoir le plus important dans une démocratie, celui le peuple, est totalement absent du schéma. Dans un système micro-démocratique, les contraintes entre les différents ministères se limitent à l'interprétation et à la mise en œuvre des politiques, plutôt qu'à l'élaboration de celles-ci. Ce pouvoir d'élaboration, le plus important, est laissé au peuple. En tirant parti des technologies modernes, la micro-démocratie peut même diviser et répartir ce pouvoir à travers l'ensemble de la population plutôt que sur un seul et même point focal, sans que cela compromette l'efficacité et la stabilité du système. Cette conception extrêmement décentralisée présente deux avantages principaux comparée aux structures triangulaires :

Tout d'abord, elle permet d'éviter de manière efficace la manipulation du pouvoir par des forces invisibles. Dans de nombreux pays sous le régime de la démocratie représentative, les trois branches du pouvoir sont soit sous le contrôle, soit contournées par un « gouvernement de l'ombre ». Il en résulte non seulement un dysfonctionnement du mécanisme de la séparation des pouvoirs et de leurs limitations mutuelles, mais cela fait du jeu démocratique un spectacle de marionnettes qui vise à détourner l'attention du public et à permettre aux réels décideurs d'échapper à leurs responsabilités. Inversement, quand le pouvoir est extrêmement décentralisé, il devient presque impossible de le corrompre, de l'intimider ou de le manipuler.

Cette conception simplifie également la structure du gouvernement et améliore son efficacité. La séparation des pouvoirs suppose que chaque branche du gouvernement soit sous le contrôle d'un personnel différent. Cette indépendance est la clé de voûte de l'équilibre des pouvoirs, mais elle se traduit également par une lourdeur institutionnelle, des processus lents et une exécution coûteuse. Mais si une même force contrôle ces trois branches, ces coûts supplémentaires deviennent insignifiants. Elle n'apporte qu'une charge sociale supplémentaire et n'est même pas aussi efficace dans sa prise de décision et son exécution qu'un régime autoritaire. Au contraire, la micro-démocratie achevant une décentralisation complète du pouvoir au niveau du citoyen, il n'est alors plus nécessaire de séparer délibérément les différentes branches gouvernementales. Ainsi, le gouvernement peut fonctionner de la manière la plus naturelle et la plus rationnelle possible, tout en étant plus efficace dans sa prise de décision et avec des coûts d'exécution réduits.

Pour réaliser effectivement la mission d'authenticité et d'égalité de la démocratie, ainsi que de nombreuses autres supériorités systémiques de la micro-démocratie, assurer la garantie effective des droits institutionnels est une mission essentielle du gouvernement. Différents ministères gouvernementaux peuvent être créés à cette fin, et beaucoup d'entre eux seront par nature différents de ceux que l'on voit couramment dans les démocraties représentatives.

Le *Ministère de l'aide sociale* est chargé de fournir aux citoyens des ressources personnelles de subsistance conformément à la norme nationale. Cette norme est fixée via des procédures micro-démocratiques, avec un poids de vote supérieur pour les élites dans le domaine de l'économie et des services publics. Cette allocation ne devant permettre de couvrir que les besoins primaires, son niveau doit rester relativement bas, afin de ne pas encourager la paresse et de ne pas nuire à la vitalité sociale et économique de la région. Elle rendra également la société plus résistante face aux ralentissements économiques et aux catastrophes naturelles. Cette norme étant universelle dans tout le pays, elle ne pourra encourager la migration. En réalité, elle réduira les chances qu'une personne soit contrainte d'émigrer pour mieux gagner sa vie, puisque les aides seront les mêmes partout. En outre, l'harmonisation de ces aides sociales permettrait au gouvernement d'assurer leur production, leur stockage, leur transport et leur distribution de manière plus efficiente.

Si l'on prend l'exemple du *Vianland*, la norme nationale en matière d'aide sociale de subsistance est la suivante : fournir un espace de vie individuel ou familial de 8 mètres carrés par personne, avec des meubles et produits de première nécessité, un approvisionnement en eau et en électricité, une cuisine et une salle de bain communes, 400 grammes de céréales par jour, des vêtements de première nécessité, les soins de santé de base, des appareils électriques permettant de remplir sa participation civique à la micro-démocratie, avec un forfait de données illimité afin de pouvoir accéder aux systèmes de la micro-démocratie et aux services d'éducation en ligne, et avec appels téléphoniques illimités vers les services publics.

Concernant la distribution des ressources, comme au *Vianland*, de tels avantages ne sont offerts que dans les régions administratives de plus de 100 kilomètres carrés et ayant une population de plus de 10 000 habitants. Le gouvernement doit fournir ces prestations dans les 30 jours suivant la demande. Si le nombre de nouvelles demandes dépasse 10 % de la population locale en un mois, le délai de livraison des prestations s'étend à 90 jours. Chaque citoyen ne peut demander des prestations qu'à un seul endroit à la fois. Lorsqu'une personne reçoit des prestations dans un nouveau lieu, elle doit cesser de recevoir des prestations similaires ailleurs et renvoyer les documents.

Afin de garantir la liberté de migration, le gouvernement doit faciliter le transport et la libre circulation des citoyens à travers le pays. Mais surtout, il doit mettre en place un système d'information sur la citoyenneté pour tenir à jour les registres de résidence des citoyens, afin de pouvoir calculer le poids exact des voix pour chaque décision à prendre, ainsi que pour leur fournir les prestations sociales auxquelles ils ont le droit.

Dans le cas du *Vianland*, les migrants doivent remplir un avis de changement de résidence grâce au système d'information sur la citoyenneté avant leur arrivée. En même temps que ce formulaire, le citoyen peut choisir de déposer sa demande de prestations de ressources personnelles de subsistance dans la région de destination. À la réception de la demande, le gouvernement local a 30 jours pour fournir ces prestations, ou 90 jours en cas de forte demande. Cela signifie que s'il veut recevoir les prestations à son arrivée, le citoyen doit déposer cette demande au moins 30 jours à l'avance. S'il arrive dans la nouvelle région avant la date limite de livraison de ses prestations, le gouvernement est tout de même tenu de lui fournir une aide temporaire de qualité inférieure. Entre 60 et 90 jours après l'installation déclarée d'un migrant, des fonctionnaires du gouvernement doivent se rendre sur place afin de vérifier son statut et confirmer sa date effective de début de résidence. Au 100e jour suivant la confirmation de résidence, le dossier du migrant dans le système d'information sur la citoyenneté est mis à jour et devient officiellement effectif. En d'autres termes, seuls les citoyens ayant vécu dans une région pendant au moins 100 jours ont le droit de bénéficier du poids électoral supplémentaire et des droits en matière de protection sociale locale. Pour aider les immigrés à s'adapter à leur nouvel environnement, les gouvernements locaux doivent mettre en place des programmes destinés aux nouveaux résidents, tels que des réunions d'information mensuelles et des séminaires sur les lois, les réglementations et la protection sociale au niveau local.

De nombreuses supériorités de la micro-démocratie trouvent leur origine dans le droit à l'éducation : l'équité du poids des voix en matière de connaissances découle de l'égalité des chances illimitée en matière d'éducation et des normes unifiées pour les examens. La professionnalisation de l'apprentissage, combinée aux aides sociales, permet aux masses inférieures d'acquérir une mobilité sociale et de ne pas rester en bas de l'échelle. La position neutre de l'éducation ouvre un large espace pour entraîner une évolution positive de la société. L'éducation tout au long de la vie et la popularisation de ce système transformeront le modèle de croissance sociale en le faisant passer d'un modèle axé sur le travail à un modèle axé sur la technologie. Cela permet également de résoudre le conflit entre l'automatisation de la production et l'emploi de main-d'œuvre, et de réduire considérablement le risque de crises économiques. Il est évidemment impossible d'atteindre tous les résultats susmentionnés en améliorant le système éducatif actuel, qui souffre de lacunes structurelles irréparables. Un *Ministère de l'éducation* d'un type totalement nouveau est nécessaire afin de répondre à toutes ces nouvelles exigences.

Les programmes et les normes d'évaluation seront directement administrés par le gouvernement. Il établira un système unifié de classification des matières et de notation afin de calculer de manière cohérente le poids de votes relatif à la connaissance de chaque citoyen. La classification des matières devra être faite en fonction de leur développement organique, la science et la culture progressant toutes deux sans interruption dans le temps. Ainsi, chaque fois que des ajustements s'avèreront nécessaires, le gouvernement devra actualiser le système et également mettre à jour les dossiers d'éducation existants des citoyens. Les programmes d'enseignement et les normes d'évaluation doivent être ouverts et neutres, et les opinions dominantes et alternatives doivent être traitées sur un pied d'égalité. Si des théories contradictoires doivent être enseignées, il peut y avoir des exigences différentes dans la profondeur de leur apprentissage selon leur popularité et leur niveau d'adoption sociale, mais le gouvernement ne doit pas intervenir dans le jugement de leurs mérites et de leurs écueils.

Au *Vianland*, le programme standard de toute branche d'apprentissage doit comprendre un cours de synthèse, qui présente de manière exhaustive les différentes écoles et théories de cette branche. La réussite de ce cours général est une condition préalable à tout suivi de ce cours.

Le gouvernement administrera également les diplômes d'éducation et les qualifications des enseignants dans tout le pays. Les citoyens peuvent choisir d'étudier dans des écoles publiques, des institutions commerciales privées ou par autoapprentissage. Dans la plupart des cas, la rémunération de l'apprentissage est calculée en fonction des résultats de l'évaluation, puis complétée par les efforts d'apprentissage (facteur mineur). Le revenu des enseignants est calculé en fonction de leur nombre d'étudiants et de leurs résultats aux évaluations. L'apprentissage et l'enseignement étant tous deux considérés comme des services sociaux rémunérateurs et faisant partie des emplois sociaux, le *ministère de l'Éducation* doit synchroniser ses services de notation et d'évaluation avec le *ministère du Travail* et le *ministère de la Protection sociale*, afin que la gestion des prestations sociales relatives à l'emploi et de la protection sociale des citoyens soient assurées dans un cadre unifié.

Au *Vianland*, lorsqu'un étudiant s'inscrit à un niveau d'études particulier, il a la possibilité de choisir sa méthode d'apprentissage. S'il opte pour l'étude scolaire, le gouvernement lui assignera des enseignants et lui attribuera certaines ressources d'apprentissage, telles que des groupes d'apprentissage, des lieux, du matériel, etc. L'étudiant est alors tenu d'assister aux cours selon le calendrier des cours s'il veut être rémunéré. Cette rémunération est calculée en fonction de son assiduité et des résultats qu'il obtient à ses contrôles et examens. Pour les étudiants qui choisissent l'autoapprentissage, le gouvernement fournira également les ressources d'apprentissage nécessaires, généralement des livres, des cours en ligne et du matériel de laboratoire. Dans ce cas, les résultats des examens sont le seul facteur utilisé pour calculer leur rémunération. Un citoyen qui reçoit une note de A dans une matière remplit les conditions minimales pour s'enregistrer en tant qu'enseignant de cette matière. Une personne peut donc jouir du statut d'enseignant pour diverses matières. Il existe également un système de notation des enseignants, principalement basé sur les résultats récents de leurs étudiants.

Les examens jouant un rôle important à la fois dans l'économie et la politique, la tricherie constitue un crime et implique de graves conséquences. Le *ministère de l'Éducation* doit travailler en étroite collaboration avec le *ministère de la Justice* afin de traiter la triche aux examens et de prendre des mesures juridiques proactives contre les contrevenants. En tant que violation d'un droit institutionnel, elle peut être punie dans le cadre de ces droits, par exemple par une peine d'emprisonnement.

Au *Vianland,* les sujets d'examens sont préparés en toute confidentialité par des professeurs de haut niveau. Tricher ou faire fuiter ces sujets constitue des crimes. Pour les examens des connaissances, telles que les démonstrations de compétences, les évaluations subjectives d'œuvres littéraires et artistiques, pas moins de cinq experts dans le domaine doivent superviser l'épreuve et noter l'étudiant. L'ensemble du processus doit être ouvert au public et enregistré pour inspection ultérieure.

Le gouvernement et la société contribuent conjointement aux ressources nécessaires au bon déroulement des activités éducatives. Les disciplines étroitement liées aux activités commerciales n'auront pas de mal à recevoir des financements d'industries bénéficiaires de cette future main d'oeuvre. La recherche scientifique fondamentale et certains sujets culturels dépendront, eux, davantage du financement gouvernemental. Le financement des projets spécifiques d'éducation et de recherche à coût élevé doit être déterminé ou approuvé par le biais du processus micro-démocratique.

Dans le cadre de sa mission de garantie du droit de savoir, le gouvernement doit prendre des mesures juridiques proactives contre la diffusion de désinformation ou la dissimulation d'informations relatives aux affaires publiques. En outre, il doit également fournir au public un service de recherche de sources d'information fiable et digne de confiance. Ces responsabilités sont gérées par le *ministère de l'Information.*

L'acquisition de connaissances est un processus. Au fur et à mesure que les citoyens acquièrent des informations et affûtent leur compréhension des choses, l'exactitude et l'exhaustivité de leurs connaissances s'améliorent. Au cours de ce processus, et même si les citoyens sont subjectivement honnêtes et considèrent leurs opinions comme authentiques, les informations qu'ils ont en main ou qu'ils diffusent peuvent toujours être erronées ou incomplètes. Historiquement, de nombreux consensus se sont révélés erronés et ont été remplacés à mesure que les connaissances et les valeurs sociales de la population progressaient. Il est donc nécessaire de rester ouvert et tolérant à l'égard de toute opinion et théorie, même si elles sont contestées. La vérification de l'exactitude d'une information dépassant largement les capacités du gouvernement, aucune position officielle ne doit être prise sur quelconque sujet. Le service officiel de vérification et de suivi des sources d'information doit se concentrer sur l'authenticité de l'information *originale* plutôt que sur le jugement de son contenu. Le registre original d'une information comprend principalement son contenu, sa source et les opinions des différentes parties sur celle-ci. S'il existe différentes versions d'une information sur un même sujet, leurs registres originaux doivent tous être collectés et présentés au public, même s'ils sont contradictoires. Quant à savoir si l'information elle-même est correcte, il appartient aux citoyens de tirer leurs propres conclusions de manière indépendante, en fonction de leur opinion personnelle, de la crédibilité de la source, des commentaires ou analyses de tiers, etc. Il n'y aura plus de « vérité officielle » sur quelconque information, mais seulement des « documents originaux officiels ».

La vérité absolue peut exister au sens philosophique du terme, mais elle est rare dans un contexte sociologique, surtout en politique. Elle ne se produit que lorsque tous les peuples sont unanimement d'accord sur un fait ou une opinion face à des preuves écrasantes. Cette unanimité absolue, dans une société, n'arrive pratiquement jamais. Il est tout à fait possible que la limitation des connaissances et un défaut de preuves sur un sujet donné fasse que l'opinion unanime sur ce sujet soit totalement désolidarisée de la vérité absolue au sens philosophique du terme. Il est donc virtuellement impossible de prendre une décision démocratique basée sur la vérité absolue. Toutefois, quand des registres complets sont tenus sur les informations originales, la population peut se rapprocher de la vérité absolue et, dans une plus large mesure, atténuer l'influence de la malveillance subjective et des limitations objectives des sources.

Afin d'assurer les responsabilités susmentionnées, le gouvernement tiendra des bases de données à grande échelle visant à collecter, à stocker et à conserver tous les documents d'information originaux disponibles, et à fournir gratuitement des services d'indexation et d'interrogation à la population. Les « faits » énoncés dans de nombreuses sources dépendent de la véracité d'autres faits. Par exemple, « la lune affecte les marées » est une affirmation qui repose sur de nombreux autres faits, tels que « la lune tourne autour de la terre », « la théorie de la gravité », « la tendance des marées », etc. Un service de traçabilité de l'information étendu peut ainsi être pertinent. Un tel système peut également collecter des éléments secondaires relatifs à la source d'une information, telles que les personnes ayant fourni des preuves supplémentaires, de sorte que les citoyens puissent mieux juger de la crédibilité de ces informations.

Les luttes pour accaparer les ressources et pour protéger ses intérêts ne sont pas nouvelles, et cette lutte est malheureusement toujours au centre des relations internationales modernes. Les relations conflictuelles entre États sont inévitablement fortement dépendantes de leur puissance militaire. La paix n'est pas nécessairement le produit de liens d'amitié, mais souvent l'équilibre de forces de dissuasion, un équilibre temporaire et très fragile. Un ordre mondial basé sur la micro-démocratie, lui, n'a pas besoin de cet équilibre précaire pour fonctionner harmonieusement. Les pays micro-démocratiques partagent des objectifs communs. Leur principale interaction n'est donc pas la confrontation et la concurrence, mais la coopération. Bien que la présence militaire soit inutile dans un monde totalement micro-démocratique, dans le monde réel, les nations micro-démocratiques devront coexister avec des États hostiles à ce nouveau système pendant une période prolongée. Ainsi, au moins pour quelques années, les pays micro-démocratiques auront toujours besoin d'un *ministère de la Défense*.

Malheureusement, même les forces militaires construites à des fins d'autodéfense légitime continueront de représenter une menace pour le système de micro-démocratie lui-même. En effet, un certain degré d'arbitraire et de confidentialité dans les opérations militaires peut aider la nation à lutter plus efficacement contre les menaces extérieures. Bien qu'il s'agisse là d'un besoin pratique, cela représente néanmoins une violation des droits institutionnels, et cela va donc à l'encontre des fondements de la micro-démocratie. Le gouvernement d'une micro-démocratie se doit de consciemment limiter la sphère d'influence de la branche militaire au strict minimum et mettre en place des mécanismes institutionnels actifs ayant pour objectif d'empêcher la branche militaire de s'agrandir inutilement.

Dans des cas extrêmes comme les guerres, les catastrophes naturelles ou la destruction d'infrastructures, il peut être nécessaire que les militaires prennent temporairement le relais du commandement national via la loi martiale, afin de permettre au pays de répondre à la crise plus efficacement. Pendant cette période, la micro-démocratie est suspendue et la nation est renvoyée à un état d'autocratie et d'autorité. Par conséquent, des mécanismes spécifiques (au niveau de la structure du système et des lois) doivent garantir que le gouvernement reprenne automatiquement le statut de micro-démocratie dès la fin de la crise.

Au *Vianland*, trois groupes de commandement militaire indépendants se tiennent constamment prêts. Le premier groupe est composé de militaires en service actif, les deux autres de vétérans à la retraite. C'est le premier groupe qui dirige les militaires, et eux seuls peuvent déclencher l'état d'urgence militaire nationale. Si le système de micro-démocratie fonctionne toujours, ces urgences militaires nécessitent d'être approuvées par référendum en tant que loi temporaire. Sans autorisation légale appropriée, les troupes ont le devoir de refuser le commandement du groupe ci-dessus s'il leur ordonne des missions en vertu de la loi d'urgence militaire, et doivent prendre les mesures nécessaires au rétablissement de l'ordre social normal. Si l'état d'urgence militaire est autorisé, le mécanisme de prise de décision de la micro-démocratie est temporairement suspendu. La priorité des militaires est de résoudre la crise et de rétablir l'état normal de micro-démocratie dès que possible. Une telle urgence militaire dure au maximum 120 jours et se termine automatiquement. Si une prolongation est nécessaire, elle doit à nouveau être approuvée par un référendum, à moins que le fonctionnement de la micro-démocratie n'ait pas repris. Quelle que soit la manière dont cet état d'urgence est prolongé, sa prolongation ne peut jamais dépasser 120 jours, et le pouvoir de commandement doit être transféré du groupe dirigeant actuel vers le groupe suivant dans la file d'attente dans un délai de 20 jours. À cette échéance, le groupe précédent perd son autorité et est automatiquement démis de ses fonctions, et le groupe suivant prend le relais. Trois groupes commandent à tour de rôle en cas d'extensions multiples de l'état d'urgence militaire. Le groupe qui termine son tour doit être démis de ses fonctions et se réorganiser dans un délai de 60 jours. Le groupe réorganisé doit être composé d'au moins 50 % de nouveaux membres qui ne faisaient pas partie du personnel en service actif.

Le retour de la micro-démocratie après une période de guerre est un processus, dont l'étape la plus critique est la divulgation complète des informations relatives à cette période. Le droit de savoir est souvent le premier droit institutionnel qui passe à la trappe en temps de guerre, en raison de l'importance cruciale de la confidentialité des informations pour le bon déroulement des opérations militaires. Mais la divulgation de ces informations est tout aussi vitale pour une micro-démocratie en temps de paix. C'est donc la première chose à faire quand le système normal est rétabli : cela permet d'empêcher les conspirateurs de prendre le pouvoir dans le pays au nom de l'urgence militaire.

Prenant l'exemple du *Vianland,* avec une autorisation par référendum, le gouvernement peut décider que certaines informations seront temporairement tenues secrètes vis-à-vis de la population générale pour une durée allant jusqu'à 120 jours, en cas d'urgence militaire. Seules les informations concernant les opérations militaires, le personnel militaire, la production et le transport de fournitures militaires peuvent être classées confidentielles. Après la fin de l'état d'urgence militaire, ces informations confidentielles seront progressivement déclassifiées : au moins 50 % d'entre elles doivent être déclassifiées dans un délai de 120 jours, au moins 80 % doivent être déclassifiées dans un délai d'un an, et la déclassification de toutes les informations doit être achevée dans un délai de deux ans.

En tant que ligne de défense ultime, les soldats de l'armée ont le devoir d'être loyaux envers la micro-démocratie, la traiter comme le plus haut code qui soit et la privilégier par rapport aux ordres de leurs commandants supérieurs. Quel que soit le prétexte utilisé par les hauts dirigeants militaires pour saper le principe de la micro-démocratie, chaque soldat est tenu de désobéir et de résister à toute tentative de restauration d'un régime autoritaire.

Outre les principaux ministères gouvernementaux nécessaires à un système micro-démocratique, d'autres ministères administratifs et techniques assurent également le bon fonctionnement de l'ensemble du pays, tels que le *ministère des Transports*, le *ministère de l'Agriculture*, le *ministère de l'Énergie*, le *ministère du Commerce*, le *ministère de la Santé*, etc. Bien que ces ministères n'aient pas de caractéristiques propres à la micro-démocratie, ils restent indispensables à un système gouvernemental national.

 # Le Monde

La micro-démocratie va remodeler le monde. Elle part d'un principe simple : donner aux résidents locaux le pouvoir de décision sur les affaires locales et protéger la liberté de migration en tant que droit de l'homme institutionnel universel. Cette combinaison permet à la micro-démocratie de s'opposer naturellement aux frontières nationales ou à toute frontière politique artificielle. Imaginez une situation dans laquelle la frontière de deux pays micro-démocratiques adjacents coupe arbitrairement la zone d'habitat naturel d'une population, avec des résidents vivant de part et d'autre de la frontière et appartenant à des systèmes de vote différents. Dans une telle situation, les décisions prises d'un côté de la frontière ignoreraient ou minimiseraient la voix des résidents vivant de l'autre côté, même si ces décisions affectent les deux côtés. Les principes de vote relatifs à la proximité des intérêts et au temps de résidence de la micro-démocratie sont ainsi violés, entraînant une inégalité de fait entre les gens vivant de part et d'autre de la frontière. Ce n'est qu'en supprimant ces frontières artificielles, en faisant correspondre les zones administratives avec les zones d'habitat naturel réelles des populations et en adoptant la micro-démocratie pour la prise de décision en matière d'affaires locales de manière cohérente que l'on peut éliminer cette inégalité. Si deux pays micro-démocratiques sont voisins, la bonne chose à faire est donc de fusionner les deux pays en un seul. En raison de cette tendance naturelle à la convergence, même si plusieurs pays micro-démocratiques peuvent coexister temporairement pendant leur formation et leur développement, ils finiront par fusionner dans un monde micro-démocratique unifié. D'ici là, la nation moderne aura accompli sa mission historique, et le monde sera uni et sans frontière.

Ce monde micro-démocratique unifié est fondamentalement différent de la notion de mondialisation et de gouvernement mondial que l'on a aujourd'hui.

Premièrement, un monde micro-démocratique fonctionne dans un cadre autonome, décentralisé et purement technique, et ne prend donc pas d'ordre ou de directive d'une quelconque autorité centrale. La grande majorité des décisions sont prises directement par les populations locales de manière autonome à travers différents échelons régionaux. Même les politiques mondiales sont initiées par la population, dans le cadre d'un processus ascendant, et sont élaborées grâce à la participation directe de tous les citoyens, contrairement au système de gouvernement mondial dit globalisé, où les élites politiques, les partis politiques et les bureaucrates administratifs dirigent le peuple de haut en bas de manière unilatérale avec une force écrasante des gouvernements centraux. Dans un monde micro-démocratique, ces acteurs ne jouent qu'un rôle auxiliaire de manière dynamique et ne font même pas partie du gouvernement. D'un point de vue macroéconomique, le gouvernement d'une micro-démocratie n'est pas un centre de décision centralisé ; mais un prestataire de services.

Deuxièmement, un monde micro-démocratique consacre l'autonomie régionale et respecte la diversité sociale, en offrant un environnement inclusif permettant à différents groupes et cultures de coexister et de se concurrencer. Cela est rendu possible par la combinaison de la liberté de migration et du système de poids des votes. Lorsque les politiques mises en place dans une certaine région sont plus efficaces pour l'économie et plus inspirantes pour les cultures locales, cette région attirera naturellement des populations venues d'ailleurs, devenant ainsi un modèle pour les autres régions. En conséquence, les politiques les plus efficaces seront adoptées dans des zones et pour des populations de plus en plus vastes, faisant évoluer la société grâce à un système de compétition pacifique. Les cultures traditionnelles n'ont par ailleurs pas à disparaître : les groupes vivant selon des traditions particulières ont toujours la possibilité de trouver un territoire intact pour s'y installer et prendre leurs propres décisions sur leurs terres. Ainsi, les structures sociales expérimentales peuvent toujours fonctionner dans leur propre espace autonome, selon leurs propres lois et grâce aux principes de la micro-démocratie, et continuer à évoluer.

La mondialisation et les structures politiques mondiales utilisent leur influence pour forcer une structure sociale unitaire au monde entier, voyant cela comme un moyen de résoudre les conflits sociaux. Cela est à l'opposé de l'idée d'autodétermination locale et au respect de la diversité sociale. Lorsque les élites imposent au peuple des structures sociales dites supérieures et l'ordre mondial qu'elles ont elles-même conçu, elles limitent le potentiel de développement de la civilisation et étranglent sa vitalité. En outre, à mesure que l'asservissement économique des masses se renforce, les conflits sociaux ne cessent de s'intensifier, conduisant à l'avènement d'un État policier commandé d'une main de fer, qui à son tour sera finalement détruit par la résistance ardente des opprimés.

Les nations contemporaines aiment conserver leur territoire, voire en conquérir davantage. Elles ne manquent jamais une occasion d'occuper autant d'espace que possible, tant que d'autres ne l'ont pas encore pris. Si leur force le leur permet, elles n'hésitent jamais à transformer des terres et des eaux calmes en champs de bataille sanglants. L'histoire est la source première de leurs revendications territoriales, qu'elles utilisent généralement comme prétexte pour faire valoir leur droit d'hériter d'un morceau de terre de leurs glorieux ancêtres. Mais la plupart des terres ont été occupées et gouvernées alternativement par différentes nations, religions et empires au cours de l'Histoire. De tels stratagèmes ne mènent donc nulle part sauf à des conflits sans fin. De nombreux territoires contestés sont par ailleurs inhabitables, et ne sont rien d'autre que des terres stériles éloignées ou des eaux lointaines. Et pourtant, des habitants de différents pays se déchirent pour leur propriété. Bien sûr, une terre fertile, une fois habitée n'invite qu'à plus de misère. Mais dans de nombreux cas, la tragédie est imposée à la population locale impuissante, tandis que la gloire et les profits sont réservés aux dirigeants et aux groupes d'intérêts particuliers. Certains dirigeants croient sincèrement que le bien-être et l'honneur de leur nation, de leur religion ou de leur race passent par la conquête perpétuelle et soi-disant noble de nouveaux territoires. Cette ambition s'apparente aux guerres de territoire des singes dans la jungle, des tribus primitives qui s'emparent de terrains de chasse, ou des nations ancestrales qui pillent et mettent les populations conquises en esclavage. Elle représente une vieille culture dépassée, arriérée et plutôt barbare. À l'ère de la disparition des pays modernes, ce type de lutte est pathétique et enfantine.

Un monde micro-démocratique mettra fin à ces luttes de territoire. La règle du poids de vote permettra aux seuls résidents vivant sur un territoire d'en être les véritables propriétaires. Toute autre personne souhaitant avoir son mot à dire et profiter de la terre doit s'y installer et y vivre, en augmentant honnêtement le poids de sa voix selon son temps de résidence. Les terres et eaux inhabitées ne sont pas soumises à la surveillance du gouvernement et n'en ont pas besoin. Après tout, toute gouvernance ne peut être assurée que par l'administration du peuple. Un monde micro-démocratique encourage les citoyens à s'installer dans ces lieux inaccessibles et à y développer de nouvelles cultures et sociétés comme ils le souhaitent, pour autant qu'ils respectent tous les droits de l'homme institutionnels et soient accueillants envers les futurs arrivants. Une fois que la population et le temps de résidence permettent la mise en place d'une division administrative, le monde micro-démocratique leur accordera automatiquement leur mot à dire sur les affaires locales. Dès lors, ils pourront gérer leurs affaires locales et leur autonomie dans le cadre micro-démocratique. Lorsque certaines zones ne permettent plus une division administrative adéquate en raison du déclin de leur population, la région est retirée du système de gouvernance de la micro-démocratie et est à nouveau considérée comme une terre désolée.

Par exemple, au *Vianland,* lorsque 1 000 personnes vivent de manière permanente dans un rayon de 50 kilomètres pendant plus d'un an, une région administrative est créée. Des bureaux gouvernementaux sont mis en place afin d'assurer le respect des droits institutionnels, et le profil de la région est créé dans le système informatique de la micro-démocratie. Lorsqu'une région ne répond plus aux normes de division administrative, par exemple si moins de 500 personnes ont vécu dans une zone d'un rayon de 50 kilomètres pendant trois années consécutives, la région administrative est retirée de la liste ou fusionnée avec des régions adjacentes.

Il est tout à fait possible de transformer pacifiquement les nations modernes en pays micro-démocratiques, et de les fusionner à terme en un seul monde unifié entièrement micro-démocratique. Il n'est cependant pas exclu que le monde micro-démocratique doive mettre fin à l'ère des États modernes par la guerre.

La guerre n'est en aucun cas la voie privilégiée vers un monde micro-démocratique unifié. La structure des États modernes dispose d'une infrastructure inhérente à la mobilisation de guerre, mais ces mesures de temps de guerre sont totalement nuisibles aux pays micro-démocratiques. L'infrastructure des pays micro-démocratiques devient vulnérable en temps de guerre, et ses mécanismes de prise de décision caractéristiques doivent être temporairement suspendus afin de permettre un fonctionnement efficace de l'effort de guerre. Même s'il gagne une guerre longtemps menée, un pays autrefois micro-démocratique peut redevenir un État moderne de facto si les règles de la micro-démocratie ne sont pas rétablies. Par conséquent, la guerre impose des menaces internes et externes au système micro-démocratique.

Malgré le fait qu'elle soit désavantagée pendant une guerre, la micro-démocratie peut faire pression vers une évolution pacifique des États modernes. En effet, même sans structure gouvernementale, les populations peuvent toujours pratiquer la micro-démocratie, tant que l'objectif de la prise de décision est de servir la majorité et de tendre vers une qualité de décision qui soit supérieure au simple « une personne, un vote ». Les citoyens peuvent donc explorer, expérimenter et améliorer la micro-démocratie, même au sein d'États modernes. Une fois les gens habitués à cette méthode d'autogestion et sa supériorité reconnue, ils feront eux-mêmes pression pour une réforme du système politique basée sur les principes de la micro-démocratie. Après tout, la notion de micro-démocratie est fondamentalement cohérente avec les concepts démocratiques revendiqués par les États modernes, à l'exception de quelques optimisations essentielles. Une fois les améliorations procédurales de la micro-démocratie introduites, l'importance des droits institutionnels deviendra plus évidente, car ils assagissent la prise de décision et la rendent plus juste et équitable. Une fois les droits institutionnels réalisés, la transformation d'un État moderne en un pays micro-démocratique sera pratiquement complète.

Il ne fait aucun doute que les politiciens et les groupes de pression des États modernes utiliseront tous les rouages de l'État à leur disposition afin d'empêcher la population de pratiquer la micro-démocratie ou de détruire les pays micro-démocratiques naissants par la force. Mais dans ce combat mondial entre deux camps, la victoire sera à la micro-démocratie. En effet, la micro-démocratie désintègre de l'intérieur les forces qui lui sont hostiles, de façon spontanée et globale. Lorsque les peuples des États modernes commenceront à pratiquer spontanément la micro-démocratie, la force de suppression de la micro-démocratie s'affaiblira progressivement et disparaîtra d'elle-même. Si ce processus se déroule suffisamment bien, la transformation des États modernes en micro-démocratie peut se faire sans heurt. Mais si les adversaires de la micro-démocratie amassent leur force suffisamment tôt, les populations pourraient alors devoir passer par une dure période de répression interne et de guerres externes et se battre pour la micro-démocratie. Il est même possible que les dirigeants des États modernes soient de connivence avec d'autres régimes centralisés non démocratiques pour former une alliance mondiale contre la micro-démocratie afin de neutraliser la menace commune. Mais la micro-démocratie est un ennemi imbattable. Plus ils combattront la micro-démocratie avec acharnement, plus vite et plus profondément les citoyens des États modernes en apprendront sur la micro-démocratie, et plus ils réfléchiront et la compareront au statu quo. Ainsi, les graines d'une évolution pacifique vers la micro-démocratie seront plantées et s'enracineront dans le sol des États modernes. Même si les pays micro-démocratiques sont défaits sur le champ de bataille, ou même temporairement détruits, ces graines continueront à germer. La victoire finale de la micro-démocratie se produira dans le cœur de chaque citoyen, plutôt qu'au front.

De profonds changements interviendront également dans le domaine économique. La propriété individuelle est divisée en catégories : les biens personnels et les avoirs personnels. Ils sont protégés respectivement et séparément par les droits institutionnels et les droits sociaux, et, de manière correspondante, protégés par la constitution de la micro-démocratie ou les lois communes régionales.

Les citoyens peuvent tirer un revenu passif de leurs actifs, ce qui revient en fait à exploiter la valeur du travail d'autrui, directement ou indirectement. Les mouvements communistes considèrent cette exploitation comme immorale et qu'il est nécessaire de l'éliminer. Toutefois, dans la pratique, sans distinction précise entre les biens personnels et les avoirs personnels, elle finit souvent par affecter tous les biens personnels, violant ainsi gravement les droits fondamentaux de l'homme et menaçant même parfois la survie des personnes. Dans une société capitaliste, cette exploitation est précisément la force motrice intrinsèque qui stimule l'activité économique. C'est un mal nécessaire et bénéfique qui doit être exceptionnellement protégé. La conséquence en est une forte inégalité sociale, et un monde dans lequel les riches asservissent les pauvres.

Contrairement à toutes les politiques précédentes et à la théorie politique dominante, pour la micro-démocratie, les systèmes économiques et politiques n'ont pas besoin d'être intégrés et interdépendants. Le découplage de ces deux types de systèmes est non seulement une possibilité, mais aussi une nécessité, et cela rend le système micro-démocratique plus inclusif et humain. Qu'il s'agisse de protéger les avoirs personnels afin de promouvoir la production ou de les ignorer afin d'éliminer l'exploitation sociale, la question est essentiellement plus économique que politique. Quant à la manière d'équilibrer la justice sociale et la productivité matérielle, le système micro-démocratique laisse aux populations locales le soin de décider via l'élaboration de leurs propres lois régionales.

Le poids de vote dans les décisions relatives aux affaires régionales étant offert aux seuls résidents, la possession de biens dans la région n'apporte pas toujours le pouvoir politique aux riches qui résident ailleurs. Par conséquent, l'influence économique du capital ne peut s'exercer sur la politique qu'indirectement par l'intermédiaire des résidents, plutôt que de passer directement par la volonté de la population locale.

L'intention initiale de la conception du nouveau système éducatif est de donner aux citoyens des chances égales de gagner du poids supplémentaire de vote, mais ses effets sur le modèle économique sont encore plus importants.

L'éducation ne consistera plus seulement en l'apprentissage et l'enseignement de la culture civique et des compétences professionnelles pour les jeunes, mais constituera un service social et une carrière tout au long de la vie que chacun pourra exercer. Personne n'étant capable de maîtriser toutes les connaissances et compétences du monde au cours de sa vie, les possibilités d'apprentissage sont infinies ; par conséquent, la demande d'enseignants sera elle aussi massive. Un citoyen pourra, quand il le souhaite, choisir d'apprendre quelque chose de nouveau et de gagner un revenu en conséquence, ce qui fera disparaître à jamais le chômage passif.

Même si la rémunération des emplois de formation est faible, elle attirera toujours de nombreux travailleurs du secteur primaire, entraînant de graves pénuries de main-d'œuvre dans les secteurs de l'industrie et des services. Les salaires de ces industries augmenteront, et par conséquent, les prix des matières premières aussi. Cette tendance à la hausse des prix mènera au développement de l'automatisation, de la robotique, des technologies d'intelligence artificielle dans les postes du bas de l'échelle où la plus grande partie de la main-d'œuvre sera libérée. Ces postes sont en règle générale les moins recherchés : ce sont les travaux manuels lourds et répétitifs auxquels les gens sont contraints de se livrer uniquement afin d'assurer leur gagne-pain. Ces emplois remplacés produisent moins de bonheur que les emplois d'apprentissage ; ainsi, une telle transformation améliorera directement l'utilité sociale. Dans le même temps, cette transformation fera passer l'économie d'une économie axée sur la valeur à une économie axée sur l'intelligence.

L'économie dite de la valeur signifie que l'objectif premier des investissements en capital, en matériaux et en technologie est d'obtenir un rendement maximal via la vente de marchandises ou de services. Le retour sur investissement (ROI)[1] étant son principal indicateur de performance clé (KPI)[2], la production de biens et la provision de services doit toujours répondre aux besoins des citoyens ayant un pouvoir d'achat élevé, et la plus grande partie des retours sur investissement est destinée aux investisseurs qui se trouvent être ces mêmes personnes qui dépensent beaucoup d'argent. Ces personnes consomment les meilleurs fruits du travail des plus faibles et en reçoivent le plus de bénéfices afin de pouvoir consommer encore plus. Il est juste de conclure que ce modèle économique consiste essentiellement à avoir un grand nombre de pauvres au service de quelques riches. En fin de compte, cette contradiction entre la maximisation du retour sur investissement et la maximisation du bonheur global des citoyens (c'est-à-dire l'utilité sociale) se traduit par une forte polarisation sociale, un culte de la richesse et une corruption de la nature humaine.

La technologie capable de remplacer ces emplois manuels et répétitifs à faible revenu existe depuis longtemps et est arrivée à maturité. C'est son faible retour sur investissement qui l'empêche d'être appliquée dans ces domaines. Pour la même raison, il est plus probable que ce soient les emplois à haut revenu et hautement qualifiés qui se trouvent être remplacés. Ainsi, la technologie détruit plutôt qu'elle n'encourage l'éducation et la connaissance. Le nouveau système d'éducation de la micro-démocratie renversera cette situation. Tout en offrant aux travailleurs peu qualifiés des choix de carrière plus attrayants, en améliorant leurs connaissances et leur niveau professionnel, il réduira considérablement l'offre de travail de ces emplois à faible revenu et fera augmenter les salaires. Cette dynamique rend profitable l'automatisation des postes du bas de l'échelle grâce à la technologie, redonnant ainsi aux humains des postes hautement qualifiés et intellectuels.

Cette approche peut susciter des inquiétudes : le retrait massif de travailleurs des secteurs de l'industrie et des services entraînera-t-il une forte baisse de la production et des pénuries de matériaux, affectant le niveau de vie de la population ? Cela peut sembler contre-intuitif, mais l'excès de main-d'œuvre entraîne souvent une baisse de la productivité. Une main-d'œuvre trop abondante rend la main-d'œuvre bon marché, et une main-d'œuvre bon marché décourage l'investissement dans des machines à haute technologie, empêchant ainsi l'application de cette technologie. Au contraire, la pénurie de main-d'œuvre encouragera en réalité l'utilisation de la technologie et finira par faire augmenter la production.[3] Ce principe a fait ses preuves dans la production agricole : dans les pays qui manquent de main-d'œuvre agricole, l'automatisation de la production à grande échelle est plus facile à réaliser et permet de réaliser des économies d'échelle. Dans les pays agricoles qui restent traditionnels, avec une forte population paysanne, le gouvernement hésite à promouvoir la production à grande échelle car cela menacerait les moyens de subsistance de ces paysans. La technologie ne peut donc pas y être pleinement utilisée et la production agricole reste faible en conséquence. Si l'industrie de l'éducation peut absorber la majeure partie de la main-d'œuvre agricole, alors les plus grands obstacles à la mécanisation à grande échelle et à la production grâce à la haute technologie dans ces pays seront supprimés et la production agricole pourra augmenter. On retrouve la même situation dans les secteurs de l'industrie et des services.

À mesure que l'approche susmentionnée sera promue dans l'ensemble de l'économie, la nouvelle économie axée sur l'intelligence prendra forme. Dans sa plus large mesure, elle libère les gens du travail manuel lourd et répétitif du bas de l'échelle, afin qu'ils puissent se perfectionner et devenir des travailleurs intellectuels, et ainsi contribuer davantage à l'économie et à la société et vivre une vie meilleure. Le pouvoir intellectuel est alors libéré par la technologie du domaine dans lequel il était le plus sous-évalué. Par cette voie, la technologie apportera l'énorme ressource intellectuelle des êtres humains dans les activités économiques, avec le meilleur rapport coût-performance possible.

La nouvelle économie axée vers l'intelligence n'est pas seulement efficace pour optimiser l'allocation des ressources sociales et maximiser le bonheur des travailleurs. Plus important encore, c'est un énorme investissement stratégique pour le développement de la civilisation humaine. Une pléthore d'exemples a démontré qu'une poignée de percées technologiques avaient le potentiel d'apporter une valeur incroyable à la société, qu'il s'agisse de réduire l'intensité de travail, d'augmenter l'espérance de vie ou d'élever le niveau de vie. Ces réalisations si étonnantes ont eu lieu à une époque où très peu de gens pouvaient se payer le luxe de l'enseignement supérieur et d'accéder aux ressources de la recherche scientifique. Il y a des raisons de croire que le système éducatif de la micro-démocratie augmentera de manière exponentielle l'investissement global en matière d'intellect humain dans la recherche, l'innovation et la créativité, intensifiera de manière explosive le progrès de la science et de la culture, et révolutionnera les technologies de production. Les rendements seront plus que suffisants pour compenser la réduction de la main-d'œuvre actuellement engagée dans la production directe, ce qui améliorera aussi considérablement la qualité de vie de la population. Dans cette nouvelle ère, la population continuera de travailler, mais leur motivation première ne sera plus de gagner leur vie, mais la poursuite de la responsabilité sociale, le sens de l'accomplissement et l'honneur. Dans un avenir pas si lointain, l'homme sera en mesure d'automatiser l'ensemble de la production, ce qui lui permettra de se consacrer pleinement à l'apprentissage, à la création et à la jouissance de la vie.

Le gouvernement de la micro-démocratie est le principal employeur du secteur de l'éducation et de la recherche scientifique, et est donc propriétaire de la propriété intellectuelle créée à partir des activités d'éducation et de recherche scientifique. Ce gouvernement appartenant au peuple, ces propriétés intellectuelles appartiennent également au peuple et peuvent être utilisées librement et gratuitement par toute la société. Le verrouillage des innovations humaines via le système des brevets ne sera plus. La propriété intellectuelle, en tant que bien particulier, ne fait pas partie des droits institutionnels ; elle n'est donc pas protégée par la constitution de la micro-démocratie ou globalement par les lois nationales. Chaque région administrative peut déterminer si elle doit la protéger, et comment, par des lois régionales, mais ces lois ne s'appliquent qu'au niveau local. Les connaissances et les informations, par nature, circulent facilement entre les régions. Un système de verrouillage de celles-ci est donc peu efficient. Il est évident que cela va changer la façon dont les entreprises investissent dans la recherche scientifique, en rendant plus courantes les études collaboratives interentreprises. La situation dans laquelle des travaux de recherche seront effectués en double par des sociétés distinctes sera plus rare, ce qui permettra d'épargner de l'effort pour le diriger vers de la recherche technologique plus avancée et plus originale.

Cette transformation du modèle économique constitue en fait une question de vie ou de mort pour l'humanité. Lorsque l'obsession du retour sur investissement, ou de la valeur, pousse l'économie à l'extrême, cela se termine souvent par le contrôle de celle-ci par le complexe militaro-industriel, une conclusion dévastatrice. Lorsque l'économie axée sur la valeur atteint son stade le plus avancé, le phénomène de surconsommation tend à se saturer, et la croissance atteint ses limites et n'est plus durable. Les oligarques économiques doivent alors trouver et créer de nouveaux besoins. Le développement de services publics à grande échelle et la fabrication d'équipements militaires sont leurs deux principales solutions à ce problème. La non-transparence et l'exclusivité du commerce des armes rendent cette dernière solution bien plus rentable que la première, puisque l'argent afflue directement des fonds publics. Lorsque l'armée, les fabricants d'armes et les hommes politiques sont en connivence, le monstre que l'on appelle « complexe militaro-industriel » est né : il manipule les troupes ou les organisations terroristes dans le but de provoquer des conflits militaires qui consomment ensuite de l'armement et de l'équipement. Tous ces coûts sont soit pris en charge par chaque citoyen via les impôts, soit collectés auprès des pays vaincus sous forme de rançon. Cet argent est ensuite dirigé vers le complexe militaro-industriel au nom de la sécurité nationale et de l'ordre mondial. Ainsi, un système économique axé sur la valeur exploite non seulement les travailleurs, mais surexploite également les ressources naturelles et détruit l'environnement. C'est un monstre qui massacre des innocents, qui génère des catastrophes pour l'humanité et qui, en bout de course, menace directement sa survie.

La perte du pouvoir qu'ils détenaient autrefois est intolérable pour les hommes politiques, les partis politiques et les groupes d'intérêts particuliers. Ils feront tout pour conserver, consolider et occuper de façon permanente ce pouvoir. Grâce à leur position et à leur accès à la force légale, il est relativement facile pour eux de créer un environnement social qui soit en leur faveur, de neutraliser leurs rivaux et d'éliminer toute menace éventuelle. Les dictateurs de régime autocratique et autoritaire préfèrent l'intimidation ouverte par la force, tandis que ceux des prétendues démocraties savent mieux exploiter les lacunes des lois et des procédures, kidnapper l'opinion publique et abuser de l'autorité judiciaire pour renforcer leur pouvoir.

Dans le Nouveau Monde, les vieilles combines politiques en décomposition seront renvoyées aux oubliettes de l'histoire. Aucune force individuelle ou politique, dans un système de micro-démocratie, ne pouvant détenir le pouvoir de manière stable et exclusive, il devient inutile de tenter de le conserver, de le consolider et de l'occuper. Les seules choses qui restent sont la machine politique neutre, composée du système d'information et de l'infrastructure de prise de décision de la micro-démocratie, et les lois constitutionnelles qui déterminent le fonctionnement normal du système. La première est comparable aux composants d'un ordinateur, tandis que les secondes jouent le rôle du système d'exploitation qui met en musique ces composants. Tout comme pour un ordinateur moderne, ce système effectue d'innombrables tâches, toutes réalisées par des logiciels tiers fonctionnant sur les bases que sont les composants et le système d'exploitation. L'espace mémoire faisant fonctionner ce « logiciel tiers » peut être comparé aux régions administratives formées organiquement au sein d'un monde micro-démocratique. Les fonctions exécutées par ce « logiciel tiers » peuvent être comparées aux comportements externes provoqués par la prise de décision démocratique. Tout comme l'écosystème dans lequel de nombreux types de logiciels peuvent fonctionner simultanément dans un ordinateur moderne, ils ont été créés par d'innombrables concepteurs et développeurs, et accomplissent différentes tâches, dont beaucoup dépassent de loin l'imagination initiale des inventeurs de l'ordinateur et des systèmes d'exploitation. De même, le système de la micro-démocratie constitue une plateforme ouverte favorisant le développement de la civilisation humaine. Les droits institutionnels qu'il protège ont pour unique objectif d'assurer le fonctionnement continu de cette plateforme et de garantir que les structures sociales qui y sont développées soient constructives, protectrices et sûres, et non autodestructrices. Sur la base de ce principe fondamental, divers types de sociétés peuvent ainsi émerger sur cette plateforme, qui se concurrenceront pacifiquement dans un environnement sûr, et évolueront sans cesse vers de meilleures pratiques sociales à travers une sélection naturelle non violente. Ces pratiques sociales futures, supérieures et diverses, pourraient largement dépasser l'imagination actuelle des auteurs et des lecteurs de ce livre. Mais prêtons-nous à rêver en jetant les bases de ce que serait ce Nouveau Monde.

 # La Route

Le chemin vers un monde micro-démocratique unifié est semé d'espoir et de défis, à commencer par la prise de conscience des choix qui seront à faire pour pouvoir construire une société différente.

Après le combat sanglant des guerres mondiales et l'impasse de la guerre froide, les peuples ont pu célébrer la victoire de la démocratie et de la liberté, mais la justice sociale et le bonheur qui nous avaient été promis ne se sont pas pleinement réalisés. Les idéologies mortifères du XXe siècle ayant été vaincues, les castes au pouvoir ont cessé de tenter de maquiller leurs manipulations politiques et leur mépris de l'opinion publique. Ainsi, le peuple a enfin pu constater que les procédures démocratiques n'étaient qu'un numéro de cirque servant à asseoir le pouvoir de groupes d'intérêts particuliers, tandis que le peuple, lui, n'était qu'accessoire, qu'un outil, qu'un pion dans ce vaste jeu. Sous un couvert d'apparence noble, le mouvement qu'est la mondialisation n'a qu'un seul véritable maître : les groupes d'intérêts particuliers. Sa véritable fonction est d'être une plateforme commerciale permettant aux élites et aux capitaux en circulation de trouver des proies facilement exploitables dans le monde entier. L'humanité a désespérément besoin d'une façon de faire novatrice, mais on lui a dit qu'elle avait maintenant obtenu le meilleur des systèmes, que c'était la « fin de l'histoire »[1]. Déçus et furieux, les peuples se sont tournés à nouveau vers les solutions de l'Ancien Monde afin d'y trouver d'un antidote. Le totalitarisme, le nationalisme et l'extrémisme religieux, tels des zombies à moitié enterrés, sont une fois de plus ressortis de leurs tombes afin de chanter leurs solutions miracles aux peuples ainsi dans l'obscurité.

La priorité la plus urgente est, aujourd'hui, de faire connaître cette toute nouvelle forme de démocratie, en montrant aux populations que cette nouvelle idée est non seulement séduisante, mais aussi réalisable. Créer directement un nouveau pays ou reprendre un pays existant pour mettre en œuvre la micro-démocratie n'est pas aussi simple qu'il y paraît. Un moyen plus viable de la réaliser serait pour les populations de commencer à appliquer la micro-démocratie dans leur vie quotidienne. Après s'être familiarisées avec cette nouvelle méthode, s'y être habituées, et s'y être attachées, elles pourront progressivement en élargir le champ d'application, jusqu'à ce que le système politique du pays soit enfin réformé.

Sa mise en œuvre à petite échelle sera initialement bien plus simple à réaliser qu'à l'échelle nationale. Elle ne pourra pas assurer de réelle égalité telle qu'elle devrait l'être dans un système micro-démocratique unifié, en raison de l'absence de certaines caractéristiques essentielles tels que les lois, les droits de l'homme et le système de division administrative. Malgré cela, elle améliorera tout de même considérablement la qualité des décisions prises et l'utilité sociale. Cette simplification à petite échelle facilite également sa mise en œuvre : une équipe relativement modeste de développeurs informatique pourrait construire le système en quelques semaines. En réalité, l'implémentation de la micro-démocratie à l'échelle nationale ne présente elle-même pas de difficulté technique insurmontable. La complexité d'un tel système est similaire à celle des grandes plateformes sociales ou des systèmes bancaires, et de nombreuses grandes sociétés spécialisées dans les technologies de l'information sont capables de mettre en oeuvre ce type de projet.

Le véritable obstacle à la micro-démocratie n'est en fait pas la technologie, mais le peuple. Selon la théorie du matérialisme dialectique et historique[2], toute révolution qui favorise le progrès social voit sa force principale être dirigée par le groupe le plus impliqué dans les relations avancées de productivité et de production. Tout comme la révolution démocratique européenne du XIXe siècle a été impulsée par des citoyens libres dirigés par les classes émergentes du capital industriel et commercial[3], les révolutions communistes du XXe siècle en Russie et en Chine ont été réalisées par des paysans eux-mêmes dirigés par la classe ouvrière émergente[4]. On peut donc en déduire que seuls ceux qui ont les connaissances et la capacité de construire un système micro-démocratique peuvent être les pionniers de cette révolution. Les travailleurs de l'information constituent précisément un groupe émergent ayant maîtrisé cette productivité et ce savoir-faire avancés. Tout comme ils ont radicalement changé la vie des gens dans le domaine de l'économie, ils sont les seuls à avoir la capacité de montrer aux gens le pouvoir et le potentiel de la technologie et de provoquer l'émergence de nouvelles exigences politiques. Attirés par cette nouvelle théorie, d'autres travailleurs alors familiarisés et adaptés au mode de vie numérique, et des citoyens libres à l'esprit aventurier, formeront ensemble la force centrale du mouvement micro-démocratique.

Il est par ailleurs impératif d'identifier les alliés et les ennemis de la micro-démocratie :

Les internationalistes sont les alliés de la micro-démocratie. L'internationalisme et la mondialisation partagent certaines similitudes, et tous deux ont énormément influencé le monde. À l'instar de ces deux théories, la micro-démocratie propose elle aussi un système politique intégré au niveau mondial, mais son idée centrale est très différente.

L'internationalisme était l'idéologie supranationale du mouvement communiste basée sur la théorie de la lutte des classes. Il mettait l'accent sur les différences et les contradictions entre les différentes classes, ainsi que sur le rôle décisif des relations économiques dans la politique. Bien qu'un monde micro-démocratique unifié soit également supranational, il est neutre sur le plan des classes et n'est lié à aucune relation économique spécifique.

La mondialisation représente le mouvement d'intégration politico-économique mondial mené par les capitaux internationaux. Elle vise à créer un marché mondial et une intégration économique totale et à permettre au capital transnational d'accéder à davantage de ressources et de générer toujours plus de plus-value. Par conséquent, sa priorité est de satisfaire la recherche du profit. Le système politique qui l'accompagne, la justice sociale et le développement culturel ne sont que des problématiques secondaires qui peuvent toutes être sacrifiées et ignorées tant que le désir d'intégration du marché capitaliste est satisfait et que l'environnement est favorable au profit. Au contraire, la micro-démocratie est avant tout un système politique qui donne la priorité à l'utilité sociale. Elle ne s'appuie pas sur l'intégration économique mondiale et ne cherche pas à la mettre en œuvre.

De toute évidence, la différence fondamentale entre la micro-démocratie et les deux mouvements susmentionnés réside dans son attitude neutre vis-à-vis des modèles économiques. Elle constitue en effet un cadre entièrement politique plutôt qu'économique. Bien que sa mise en œuvre interagisse inévitablement avec les activités et les relations économiques et les influence, cette connexion reste ouverte et relativement peu contraignante. La preuve en est que différentes régions au sein d'un même pays peuvent concevoir de manière autonome différents modèles et différentes politiques économiques. Les lois nationales ne protègent que les biens personnels et les contrats. L'élaboration de tout autre règle ou réglementation économique relève du champ d'application des lois régionales. Par conséquent, chaque région peut prendre ses propres décisions relatives à leur modèle économique, par exemple à la propriété des avoirs personnels et les droits qui en découlent, tant qu'elles ne violent aucun droit institutionnel. Cette ouverture permet à différents modèles économiques de fonctionner de manière indépendante, d'évoluer et de se concurrencer sans violence à travers diverses régions. Cette concurrence n'entraîne pas de changement de régime, mais l'expansion de régions, leur contraction, leur fusion ou leur évolution entre des modèles économiques contrastés.

Malgré leurs différences, la micro-démocratie partage tout de même de nombreuses choses avec ces deux mouvements. Par exemple, elle a la volonté de parvenir à une certaine unification du monde et d'éliminer les divisions, l'isolement de certaines régions, les conflits et même les guerres entre les nations, sous des prétextes religieux et économiques. L'objectif de cette évolution est de permettre aux différents peuples de vivre dans un monde plus sûr, plus égal et plus harmonieux. Ce n'est probablement pas le but réel et la motivation première des dirigeants des deux autres mouvements, mais c'est probablement le but et l'idéal de beaucoup, voire de la plupart, de leurs défenseurs et participants. Si la micro-démocratie offre une solution supérieure à la réalisation de cet idéal, on peut s'attendre à ce que ces internationalistes authentiques et passionnés se voient être attirés par celle-ci et deviennent à terme l'épine dorsale de la révolution micro-démocratique.

Les travailleurs sont les alliés de la micro-démocratie. Grâce aux droits de l'homme institutionnels, la majorité des travailleurs pourront échapper au travail pénible, s'engager dans des activités à plus grande valeur et jouir d'une vie plus confortable et plus digne.

Karl Marx soulignait que les profits des capitalistes provenaient principalement de la plus-value tirée du travail productif.[5] Sans la possibilité d'embaucher, les capitalistes n'ont rien à exploiter et leur capital ne peut alors plus croître. Par conséquent, les capitalistes doivent tout faire pour augmenter la production et les emplois qui vont avec. Par des systèmes de protection sociale intelligemment conçus, la diffusion de la théorie économique et le façonnement de l'opinion publique, ils ont réussi à faire croire aux gens que cette idée égoïste n'était que du « bon sens » et en ont fait le besoin fondamental des travailleurs. Ainsi, la maximisation de l'emploi et l'élargissement perpétuel du marché constituent, dans l'économie de marché moderne, des idées quasi religieuses.

La vérité, c'est que les technologies d'automatisation actuelles sont d'ores et déjà capables de répondre aux besoins de la population même avec une main-d'œuvre considérablement réduite. La production a déjà non seulement largement dépassé le strict nécessaire, mais elle a également permis d'offrir à la population de meilleures conditions de travail, d'un temps de travail réduit, de plus de temps libre et d'un mode de vie plus décontracté. Ceci ne servant pas les intérêts des capitalistes, ils ont pris trois contre-mesures pour freiner la situation : la première vise à encourager le consumérisme et à stimuler la demande de biens et services. En l'absence d'une demande suffisante, ils parviennent donc à créer un environnement social qui encourage la surconsommation et la surproduction. Cette approche n'est évidemment pas durable ; à terme, elle épuisera les ressources naturelles de la planète et détruira l'environnement. La deuxième contre-mesure consiste à augmenter la demande du secteur des services. Lorsque la production de marchandises matérielles a largement dépassé les besoins de la population, d'innombrables services immatériels sont inventés, encourageant ou forçant la population à « profiter de la vie ». Bien entendu, la population doit toujours plus travailler pour pouvoir se payer ces services. Le développement du secteur des services permet aux capitalistes non seulement d'avoir une vie meilleure à des prix plus bas, mais également de générer davantage de valeur ajoutée sur le dos des travailleurs via ces services. La troisième contre-mesure a consisté à trouver, grâce au processus de mondialisation, de nouvelles zones commerciales et à les utiliser pour faire pression à la baisse sur le niveau de protection sociale d'autres régions. Pour les capitalistes, cela présente un double avantage : d'une part, cela permet à davantage de ressources matérielles d'entrer sur le marché des capitaux (par la libéralisation) plutôt que d'être verrouillées par le domaine public de l'aide sociale, donnant ainsi au capital un plus grand effet de levier. D'autre part, un plus grand nombre de personnes sont contraintes d'entrer sur le marché du travail, générant de la valeur pour le capitaliste dans la relation employer/employé.

Face à ces problèmes, la micro-démocratie ne se contente pas de prendre position en s'opposant au capitalisme et à l'économie de marché comme certains autres mouvements sociaux. Malgré les graves lacunes du statu quo, il est peu judicieux de perturber les systèmes existants lorsqu'il n'existe pas encore d'alternative idéale. Cependant, si l'on ne s'attaque pas aux racines du problème, il est impossible d'obtenir des résultats substantiels. La solution de la micro-démocratie à ce problème réside dans l'approvisionnement personnel en ressources de subsistance et dans le système éducatif. Elle offre aux travailleurs, en particulier à ceux qui se trouvent au bas de l'échelle, une voie véritablement viable pour changer de vie, en leur fournissant un service qui leur permet de se débarrasser de leurs chaînes économiques, qui limitent leur liberté individuelle. Ce système permet aux travailleurs de négocier avec les capitalistes depuis une position plus forte, un changement ayant le potentiel d'améliorer considérablement leurs conditions de travail, leur rémunération et leur statut social. Les citoyens ne seront plus contraints de travailler, mais prendront leur liberté afin d'améliorer leur qualité de vie et de valoriser leurs compétences. Les travailleurs deviendront donc sans aucun doute de proches alliés de la micro-démocratie et deviendront la source de pouvoir la plus puissante du nouveau système.

Les libéraux sont des alliés naturels de la micro-démocratie. Le libéralisme encourage l'autosélection et l'autonomie des peuples, notions qui sont strictement réprimées dans les États modernes (et les États démocratiques ne font pas exception). Les hommes politiques et les groupes au pouvoir sont en effet obligés de verrouiller et de protéger leurs intérêts. En outre, il n'existe aucun mécanisme au sein des systèmes politiques existants qui permette de mettre en œuvre une véritable autonomie dynamique. Les populations ne peuvent donc recourir qu'à des moyens exceptionnels pour obtenir leur autonomie. Inévitablement, cela provoque des tensions et des confrontations entre différents groupes sociaux, qui s'intensifient jusqu'à former des conflits violents, de l'agitation sociale et un désastre humanitaire. Dans la plupart des cas, ces tensions ne mènent même pas à l'autonomie ; et même si c'est le cas, les arrangements politiques sont souvent davantage basés sur l'équilibre des forces armées que sur le reflet exact de l'opinion publique. Qui plus est, qu'elle soit parvenue ou non à une solution d'autonomie juste, raisonnable et bien accueillie, la concrétisation d'une telle solution ne formait qu'un nouvel obstacle de plus pour la postérité.

L'autonomie régionale est intégrée dans le processus routinier du système micro-démocratique et peut être initiée à tout moment et à tout niveau, de manière pacifique et ordonnée. Cette flexibilité permet de diviser les régions administratives et d'élaborer des lois afin de répondre constamment aux souhaits de la population. Grâce à l'application d'amendements aux résolutions et au système de revalidation automatisée, l'autonomie dynamique deviendra la norme. Les citoyens n'auront plus besoin de prendre des mesures agressives ayant pour seul but de verrouiller une fois pour toutes certaines dispositions spécifiques, et cela se traduira par une plus grande harmonie sociale.

Dans une micro-démocratie, l'autonomie est non seulement élargie géographiquement, mais a également une portée applicable plus large. Les citoyens peuvent alors émettre leurs propres décisions sur bien plus de choses relatives aux affaires publiques et avoir un contrôle accru sur leur vie. À l'exception des droits institutionnels, très limités et protégés par la constitution, de nombreuses problématiques aujourd'hui verrouillées, tels que les droits sociaux, le choix du modèle économique, les règles sociales, etc., pourront faire l'objet de décisions directement par les citoyens. L'élargissement du droit des citoyens à l'autonomie réduit donc le champ d'autorité du gouvernement. Elle est conforme à la vision de gouvernement limité du libéralisme.

Il existe toutefois, entre le libéralisme et la micro-démocratie, des disparités évidentes, en particulier dans leur vision de la propriété individuelle. Pour le libéralisme, les droits des citoyens à la propriété individuelle sont divins et doivent être strictement protégés. Pour la micro-démocratie, ils sont conditionnels et limités, la propriété individuelle traditionnelle étant subdivisée entre les biens personnels et les avoirs personnels. Les premiers sont strictement et inconditionnellement protégés par les droits institutionnels, tandis que les seconds sont ajustables dans le cadre des droits sociaux et du choix du modèle économique, et peuvent donc être réglementés par la population via l'élaboration de lois régionales. En ce sens, la micro-démocratie n'est pas un système purement libéral. Néanmoins, grâce à son mécanisme de prise de décision et à sa structure juridique, les libéraux ont la possibilité d'élaborer des lois régionales qui assureront une protection plus importante et plus étendue de la propriété individuelle, et peuvent donc mettre en place une société libérale dans certaines régions. Si les résultats obtenus par une telle communauté se montrent supérieurs aux autres, son périmètre d'application géographique s'élargira naturellement. Ce mécanisme de concurrence sociale pacifique est, en soi, un hommage aux principes du libéralisme.

Le progressisme est, encore davantage que le libéralisme, un autre allié de la micro-démocratie. Le point commun du libéralisme avec la micro-démocratie réside dans la conception structurelle de cette dernière. Le point de convergence entre le progressisme et la micro-démocratie réside, lui, dans leurs valeurs fondamentales : maximiser le bonheur global du peuple entier et augmenter l'utilité de la société sont considérés comme les buts ultimes de toute activité politique. Nous pourrions presque considérer la micro-démocratie comme une version avancée du progressisme.

La micro-démocratie répond à la quête fondamentale du progressisme en matière de droits civils et de bénéfices pour la société en protégeant les droits de l'homme institutionnels. Elle confère également aux résidents locaux le pouvoir de définir des droits sociaux qui s'adaptent aux situations spécifiques de la région. Le mécanisme dynamique que constitue la région administrative répond parfaitement aux problématiques de mise en œuvre des politiques de protection sociale dans la structure étatique actuelle. Une norme unifiée à l'échelle nationale a du mal à satisfaire les besoins divers des différentes régions et des différents groupes, et le vaste périmètre sur lequel elle s'applique rend sa mise en œuvre très difficile. En permettant aux régions et aux différents groupes de choisir le mode de fonctionnement social qui réponde le mieux à leurs souhaits, la micro-démocratie réduit non seulement la difficulté d'appliquer des normes uniformes, mais répond également aux besoins uniques de chaque groupe. Le niveau d'utilité sociale s'en voit donc augmenté, et chaque région qui réussit tire les autres vers le haut.

L'autonomie régionale crée des espaces ouverts qui permet aux individus et aux groupes sociaux de concevoir de nouvelles structures sociales, sans aucune contrainte de modèle économique particulier, de codes sociaux ou de normes sociales. Contrairement à tout gouvernement ou à toute superstructure existants, une société micro-démocratique peut donc se développer à l'infini.

La distinction entre les biens personnels et les avoirs personnels ouvre la porte à l'innovation en matière de modèle économique, ce qui permettra de concilier l'opposition entre les intérêts commerciaux et l'utilité sociale. Avec le temps, les citoyens détermineront un équilibre idéal entre le développement économique, le bien-être social et la protection de l'environnement.

Le nouveau système éducatif proposé par la micro-démocratie contribue lui aussi grandement à améliorer les conditions de travail des citoyens, ainsi que le développement de la société. L'augmentation considérable des ressources humaines dans les domaines de la science, de la technologie et de la culture augmente le potentiel d'évolution de la société et accéléré le rythme du progrès social, ce qui fait avancer la civilisation humaine vers un nouveau point culminant de développement.

La micro-démocratie se dresse contre l'oppression et la guerre, et elle favorise l'intégration des groupes sociaux et des idées ainsi que leur concurrence pacifique. Mais ce qui la rend par-dessus tout exceptionnelle, c'est qu'au-delà de sa bonne volonté, elle s'accompagne de solutions réalistes et qui fonctionnent. Ceci est une autre dimension qui attire les pacifistes et en fait des alliés de la micro-démocratie.

Les explications de la nature et des racines des conflits guerriers varient selon les points de vue. Du point de vue de la micro-démocratie, il existe deux causes principales aux guerres entre les nations modernes. La soif de pouvoir des dirigeants ou des groupes au pouvoir en est une. Pour maintenir ou étendre leur pouvoir, remplir leur devoir, garder leur honneur ou d'acquérir toujours plus de ressources pour leur collectivité (ou en d'autres termes : l'ambition, la vanité et l'avidité), ils n'hésitent pas à recourir à la force meurtrière au détriment de la vie et du bonheur des gens. Le dirigeant ou le groupe au pouvoir disposant d'énormes ressources institutionnelles et économiques leur permettant de manipuler la loi et de contrôler les médias, ces motifs peuvent facilement être déguisés en une noble cause, afin de tromper les braves et les courageux. Mais pour rendre cette approche plus efficace, ils doivent la combiner avec la deuxième cause de la guerre : l'isolement. À mesure que le fossé entre les populations se creuse, il devient plus facile pour des dirigeants d'aggraver les divisions, puis d'éveiller le dégoût et la haine de l'autre. Pour ce faire, les pays et les frontières sont des instruments essentiels. Cela inclut les barrières géographiques et physiques, ainsi que l'isolement informationnel et linguistique. Lorsque les populations ne disposent pas des canaux et des capacités leur permettant de communiquer directement avec l'autre et de partager des expériences de vie communes, la manipulation des médias et de l'opinion publique peut avoir des effets dévastateurs. Aujourd'hui, il arrive que des populations de deux pays passent de l'amitié au dégoût et même deviennent extrêmement hostiles l'une envers l'autre, suite à quelques incidents isolés soigneusement arrangés et à la manipulation de l'opinion publique qui les accompagne. Bien que les habitants des deux pays n'aient pas changé pour le moindre leur mode de vie et leurs comportements suite à ces incidents, et bien que les incidents eux-mêmes n'aient pas du tout d'impact sur leur vie quotidienne, il leur arrive tout de même de développer une haine profonde pour l'autre, haine qui peut parfois conduire à des meurtres. Lorsque, pour ces dirigeants, il devient plus utile de coopérer que de s'affronter, ils renversent alors rapidement l'atmosphère de la société tout entière et font en sorte que les populations se lient à nouveau d'amitié, en s'appuyant sur les organismes et médias qu'ils contrôlent. Les victimes de la guerre sont oubliées jusqu'à ce que les dirigeants aient besoin d'utiliser leurs histoires tragiques pour instiller à nouveau la haine et provoquer un prochain conflit. Aussi ridicule, triste et honteux que cela puisse paraître, c'est une réalité que le monde connaît encore chaque jour.

Dans le cadre du système de micro-démocratie, ces deux causes seront affaiblies et éliminées. La micro-démocratie n'aura, tout d'abord, plus de dirigeant et de groupe au pouvoir. Elle assèchera également la volonté de pouvoir de ces individus et groupes privilégiés. Les va-t-en-guerre existeront toujours, mais sans monopole sur l'élaboration des lois et le contrôle de l'information, ils ne pourront plus manipuler la population comme ils le font aujourd'hui. Les gens seront en mesure de connaître la situation d'un point de vue plus rationnel, plus équilibré et plus constructif. Les malentendus et les confrontations pourront être résolus et réconciliés rapidement, réduisant ainsi le risque d'un conflit armé. Deuxièmement, avec le développement des technologies modernes de communication et de transport, ainsi qu'avec la liberté de migration, l'intégration interrégionale des citoyens se fera en continu, rendant plus difficile la formation de groupes exclusifs et antagonistes. En outre, les décisions pouvant refléter plus fidèlement la volonté des populations et être prises de manière dynamique dans le temps et l'espace, il deviendra plus facile de parvenir plus rapidement à un règlement juste et équilibré des différends. Même si certaines résolutions ou réglementations injustes ont été adoptées par la force, elles ne pourront pas perdurer bien longtemps et se révéleront donc dénuées de sens. Par conséquent, les risques de conflits interrégionaux violents au sein de pays micro-démocratiques ou de guerres entre pays micro-démocratiques sont exceptionnellement faibles, voire inexistants.

La possibilité d'une guerre entre pays micro-démocratiques et non-micro-démocratiques existe tout de même bel et bien. Toutefois, la tendance naturelle au pacifisme de la micro-démocratie et sa grande vigilance face aux risques institutionnels que comporte la mobilisation de la guerre rendent presque impossible pour un pays purement micro-démocratique de provoquer des conflits et des guerres de manière proactive ; il ne répondra aux guerres que pour se défendre.

Certains pensent que la rareté des ressources et la croissance démographique sont à l'origine d'une éternelle contradiction qui rend les conflits et les guerres inévitables. En fait, seules une production et une utilisation des ressources plus efficientes, et non la destruction et la mort, peuvent accroître la richesse matérielle et résoudre fondamentalement cette contradiction. Les ressources naturelles ne sont pas illimitées, mais le potentiel de la science et de la technologie l'est. Tant qu'un investissement de main-d'œuvre cérébrale suffisant est consacré à la recherche et au développement d'une utilisation efficace des ressources, la civilisation humaine pourra se développer durablement sans épuiser ses ressources et son espace vital. La passion humaine peut également être une cause de pénurie de ressources. Sous son influence, les humains se livrent aux désirs matériels, gaspillent et veulent à tout prix posséder. La source de ces mauvais traits provient de la souffrance que les humains ont endurée pendant des milliers d'années. Ces malheurs sont imprégnés dans tous les aspects de la culture humaine, affectent les croyances et les comportements, créant une sorte de cercle vicieux de la souffrance. Il n'est pas simple de se débarrasser de ce cercle vicieux, et il ne peut être résolu du jour au lendemain. Mais à mesure que les populations en prennent conscience et retrouvent l'espoir, elles pourront transformer le monde en s'appuyant sur la micro-démocratie. En éliminant les structures étatiques modernes (la machine de guerre la plus dangereuse qui soit), en résolvant pacifiquement les différends avec d'autres régions ou pays, et en abordant les problèmes de manière constructive, cette malédiction sera éradiquée de la surface du monde. Avec le temps, les humains remplaceront peu à peu la souffrance par le bonheur, la cupidité par la tempérance, et pourront enfin jouir d'un monde nouveau, beau et harmonieux.

Les résidents d'origine et les migrants constituent également des alliés de la micro-démocratie. Les nouvelles technologies de communication et de transport ont rendu les voyages plus pratiques et plus abordables. Les individus n'ont jamais circulé aussi vite et en aussi grand nombre, et c'est maintenant la norme. L'ampleur croissante des phénomènes de migration a eu des répercussions considérables sur l'économie, la culture et la politique. Malgré les nombreux éléments positifs qu'elle comporte, ses effets négatifs sont les plus perceptibles.[6,7] La problématique centrale réside dans la répartition du pouvoir et des avantages entre les nouveaux immigrants et les résidents d'origine ; avec en particulier la simplification excessive des droits des immigrés. Au moment de naturaliser des immigrés, les nations modernes leur offrent en général immédiatement les mêmes droits politiques que ceux des citoyens d'origine. S'il y a un afflux d'un grand nombre d'immigrants en peu de temps, il constitue alors une force politique considérable capable d'exercer un impact important sur l'ordre social et le mode de vie local. Si ces immigrés partagent des antécédents économiques et culturels similaires, il est très probable qu'ils forment un bloc politique et que leur nombre de voix finisse par dépasser celui des citoyens d'origine. Un tel impact sur la société d'origine sera rapide et visible. Ainsi, les résidents d'origine s'en trouvent non seulement perturbés dans leur vie quotidienne, mais ils peuvent également devenir minoritaires et perdre leur pouvoir de décision sur les affaires locales. En outre, les groupes d'immigrés peuvent constituer des familles plus nombreuses et ont souvent un taux de natalité plus élevé, de sorte que leur proportion dans la population augmentera plus rapidement, exacerbant l'anxiété et la panique des citoyens d'origine. Si l'on se doit de rester objectif, leur inquiétude n'est pas déraisonnable. Nous avons de plus en plus d'instances dans lesquelles la naturalisation d'immigrés ne constitue plus un processus d'assimilation d'une économie et d'une culture étrangères dans celles du pays, mais plutôt une invasion. Lorsque l'économie et la culture étrangères sont relativement arriérées et lorsque cette culture est répandue chez un grand nombre de ces immigrés, cette invasion peut entraîner la destruction et la dégradation d'une civilisation.

Voyager et s'installer deviendra, dans un monde micro-démocratique unifié, plus facile pour les migrants et moins dérangeant pour les résidents d'origine. Le système unique du poids de vote permettra d'atténuer l'impact des habitudes économiques et de la culture étrangères, tout en atténuant les conflits potentiels entre les immigrés et les résidents d'origine. Les résidents d'origine auront la possibilité d'ajuster les règles de poids de vote en fonction du temps de résidence afin de rester prioritaires dans la prise de décision. Accorder cette grande importance au facteur temps empêchera les immigrés de trop peser sur les décisions simplement du fait d'être plus nombreux que les résidents d'origine, réduisant ainsi leur impact sur l'économie et la culture locales. Bien que ce système semble former une inégalité de fait en matière de droits démocratiques, le temps de résidence antérieur des migrants leur confère également un poids de vote dans leur lieu de résidence d'origine. Par ailleurs, leurs chances d'obtenir du poids de vote basé sur leur temps de résidence sont, d'un point de vue global, les mêmes que pour tous les autres citoyens. En outre, à mesure que les immigrés accumuleront du temps de résidence dans cette nouvelle région, ils obtiendront en parallèle un poids électoral plus important, de la même manière que les résidents d'origine l'ont obtenu auparavant, jusqu'à ce qu'ils deviennent eux-mêmes résidents d'origine. Les paramètres de poids de vote fixés par les résidents d'origine en fonction du temps de résidence traduisent leur ressenti vis-à-vis de l'arrivée de nouveaux résidents. En conjonction avec les deux autres types de poids de vote, à savoir celui en relatif à la proximité des intérêts et celui relatif aux connaissances, les habitants d'une région pourront affiner la façon dont ils intègrent les immigrés selon certaines conditions économiques et leurs niveaux de connaissances. En retour, cela motivera les immigrés à améliorer de manière proactive leurs connaissances afin d'acquérir un plus grand pouvoir de décision à un rythme plus rapide. Au final, cette interaction accélèrera le développement des connaissances au niveau global, dans toute la société.

Il convient de noter que la notion d'immigrés et de résidents d'origine sont relatives. Tout immigré ayant vécu suffisamment longtemps quelque part sera un résident d'origine par aux yeux des nouveaux arrivants. Cette identité est uniquement liée au temps de résidence et non à d'autres facteurs tels que le lieu de naissance, la race, l'ethnicité, la religion ou la culture. Bien que les immigrés puissent être désavantagés dans la prise de décision car ils n'ont pas accumulé assez de temps de résidence, ces décisions ne peuvent affecter leurs droits institutionnels. Ils disposent par ailleurs de conditions matérielles et d'une protection juridique suffisantes pour mener une vie décente dans la région. Il leur suffit de respecter le mode de vie et la culture du peuple d'origine. Plus important encore, des ajustements de poids de vote ne peuvent être effectués que selon les facteurs d'intérêt, de connaissance et de temps de résidence. Ces facteurs sont les mêmes pour tous, tout comme la possibilité de les accumuler.

Grâce à ce système, la relation entre les immigrés et les résidents d'origine sera plus harmonieuse. Les problèmes d'immigration actuels sont, dans de nombreux cas, le résultat d'une tyrannie, de la guerre et des catastrophes naturelles, et les restrictions imposées à la circulation des personnes aggravent ces problèmes, rendant les migrants plus susceptibles d'arriver en masse, et très rapidement, dans certaines régions. Dans un monde micro-démocratique unifié, sans tyrannie ni guerre, chaque personne peut circuler librement, ce qui rend de facto cette circulation modérée et régulière. Ce phénomène migratoire n'apparaîtra donc plus comme une crise sociale explosive, à la seule exception des vagues de réfugiés provoquées par des catastrophes naturelles. D'ailleurs, même dans ce cas, l'ensemble du territoire mondial micro-démocratique acceptant les réfugiés sans condition, ce fardeau sera partagé par tous de manière équilibrée, plutôt que de mettre toute la pression sur certaines régions.

Les « idéalistes » et les « rêveurs » sont, eux aussi, de fervents alliés de la micro-démocratie. Ils sont réceptifs aux idées nouvelles et sont ouverts à la création. Leur idéalisme les remplit de courage, si bien qu'ils s'efforcent de surmonter les obstacles dans les moments les plus difficiles et considèrent le fait d'outrepasser les difficultés comme une démonstration de ce qu'ils valent. Ils croient au progrès de la société et souhaitent construire un monde meilleur. Toutefois, le monde actuel leur offre peu de possibilités suffisamment réalistes et efficaces de le changer, ce monde. Incapables de trouver quelque chose de noble et qui vaille la peine de se battre, ces guerriers du futur sont soit perdus dans un quotidien médiocre, soit en train de gaspiller leur passion et leur talent dans des jeux commerciaux. Une fois qu'ils comprennent et acceptent l'idée de la micro-démocratie et qu'ils réalisent qu'elle est la clé qui permettra de résoudre tous les problèmes, ils se consacreront alors à cette mission plus noble et deviendront les pionniers et les guides de cette grande cause, et feront naître l'espoir chez les gens autour d'eux.

La jeunesse est, bien sûr, elle aussi une alliée de la micro-démocratie. Avant que leurs jeunes cœurs fragiles n'aient été foulés du pied par la lourdeur, les contraintes et les entraves de la vie, ils ont encore ce pouvoir magique de rendre possible même l'impossible, de rendre réel l'irréaliste, et d'utiliser leur courage, leur passion et leur spontanéité qui leur permet de faire émerger des oasis dans des déserts stériles.

Enfin, toute personne ordinaire, jeune ou non, croyant toujours aux miracles ou non, croyant que de grands changements peuvent toujours survenir dans ce monde ou non, tant qu'elle a foi en la liberté, l'égalité et la justice, tant qu'elle est en colère face à la laideur ambiante et qu'elle aspire à la vertu, est une alliée du combat pour la micro-démocratie.

Après avoir énumérés les alliés de la micro-démocratie, nous pouvons également identifier certains de ses ennemis coriaces :

Tout d'abord, les vieux politiciens. Les « vieux » politiciens désignent les hommes politiques, les partis politiques, les lobbyistes et les fonctionnaires de presque tous les systèmes politiques qui détiennent le pouvoir de décision. Dans un système micro-démocratique, de « nouveaux » politiciens prennent la place des anciens, citons notamment les dirigeants, les agences de consultation politique et les partis politiques, ainsi que certains agents gouvernementaux en charge de prendre des décisions de routine.

Le pouvoir s'accroche au pouvoir. La priorité des vieux politiciens est soit de conserver le pouvoir qu'ils détiennent déjà, soit de prendre le pouvoir que d'autres détiennent. Il leur arrive aussi, parfois, de faire de bonnes actions au service du peuple, mais ce n'est, le plus souvent, qu'une façon détournée de gagner ou de maintenir leur pouvoir. S'il est nécessaire, ils ne se gênent pas pour faire quelque chose de mal, et ce dans le même but. La soif de pouvoir est une amplification sauvage du désir de contrôle et de possessivité que les humains ont hérité de leur époque primitive, qui était une émotion nécessaire à la survie dans un environnement naturel hostile. Mais les êtres humains ont aujourd'hui une maîtrise suffisante de la science pour libérer les gens de cet état de crise sans fin, et notre civilisation est prête à dépasser ces besoins biologiques et matériels, afin de chercher plutôt l'abondance spirituelle. Pour accomplir cette mutation, la civilisation humaine doit transcender et éliminer sa dépendance au pouvoir, cette souffrance éternelle et cette tendance à l'autodestruction. Faire évoluer de l'architecture politique permettra de restreindre et de domestiquer cette avidité de pouvoir. L'humain a inventé certains systèmes politiques dans le but de guider le pouvoir afin qu'il fasse plus de bien que de mal, grâce à la séparation des pouvoirs et la supervision des puissants. Malheureusement, cela a échoué. Ce système de contrôle et d'équilibre garde un défaut fondamental : pour les personnes au pouvoir, la tentation de la corruption reste irrésistible, et la connivence en coulisses reste bien plus profitable et plus sûr que le respect des règles. Fréquemment, les puissants censés faire contrepoids au pouvoir sont en fait des marionnettes manipulées en coulisse par le pouvoir lui-même. Le système tout entier devient alors une vaste farce.

Les dictateurs constituent un type particulier de « vieux politiciens ». Le plein pouvoir leur garantit des privilèges écrasants, de sorte qu'ils ont moins à se préoccuper du maintien de leur pouvoir. Ils ont ainsi toute l'énergie nécessaire à la mise en œuvre de grandes réalisations au service de leur épanouissement. Certains d'entre eux restent relativement sages, et ces réalisations sont donc parfois effectivement bénéfiques pour le peuple. Mais cela n'est jamais garanti. Les opprimés ne peuvent que plier les genoux et prier pour que leur dictateur soit de bonne volonté. Malheureusement, les dictateurs utilisent le plus souvent leur pouvoir absolu pour commettre des actes atroces, parfois peut-être uniquement dans le but de ressentir le frisson de l'exercice impitoyable du pouvoir. Lorsque leur pouvoir est menacé, la froideur et la brutalité constituent toujours, ou presque toujours, leur première réaction, quel qu'en soit le coût pour « leur » peuple. Il est évident que, à un stade supérieur de civilisation, un peuple éveillé doit rester maître de son destin plutôt que parier sur l'éventuelle bonne volonté d'un dictateur, ou sur la grâce de Dieu.

Le seul antidote à ces maladies est la décomposition des autorités centralisées, jusqu'à la source même du pouvoir. En d'autres termes, donner à chaque citoyen un pouvoir de décision sur chaque problématique est la seule solution ultime à ce problème.

Et c'est exactement ce que fait la micro-démocratie. Dans une micro-démocratie, les politiciens ne possèdent pas de pouvoir réel puisque les citoyens peuvent révoquer leurs délégations de vote à tout moment afin de reprendre le contrôle. Il devient alors inutile de construire un palace de pouvoir sur des sables mouvants. Les nouveaux politiciens s'apprêteront donc à être au service fidèle de leur peuple plutôt que de courir après le pouvoir.

Lorsque la micro-démocratie reprendra le pouvoir aux politiciens véreux et le rendra au peuple, les vieux politiciens ne se rendront pas d'un coup d'un seul. Ils saboteront la technologie utilisée par la micro-démocratie afin de faire échouer le système et de provoquer le chaos. Ils attaqueront ou corrompront les dirigeants et les partisans de la micro-démocratie pour leur faire renoncer à leurs idéaux. Ils feront semblant de faire des compromis et tromperont le peuple afin de conserver le statu quo. Ils diviseront les gens en utilisant la race, la nation, la religion et la classe sociale pour les amener à se méprendre, à se haïr et à se battre entre eux, les rendant ainsi incapables de coopérer. Ils utiliseront la peur de l'inconnu pour empêcher l'avènement du Nouveau Monde. Le chemin vers la micro-démocratie est effectivement semé d'embuches, mais tant que les citoyens anticiperont ces embuches et les tactiques de leurs ennemis à l'avance, tant qu'ils réaliseront que la supériorité de la micro-démocratie ne pourra jamais être égalée ni remplacée par l'Ancien Monde, ils persévéreront jusqu'à la victoire finale. Il ne faut, surtout, faire aucun compromis. Ne donnez jamais un siège à un vieux politicien dans un temple du Nouveau Monde. S'ils changent réellement d'avis, ils deviendront de « nouveaux » politiciens, et se développeront une nouvelle valeur au sein de la micro-démocratie.

Autre ennemi de la micro-démocratie : les nationalistes. Ils aiment leur propre nation et leur propre pays, mais craignent et détestent également celui des autres. Tout comme les loyalistes tribaux dans la société primitive, les loyalistes familiaux dans la société féodale, les loyalistes des nations sont également un produit du temps. Les humains ont tendance à favoriser les choses qui leur sont familières et qu'ils peuvent contrôler, et sont craintifs et hostiles à l'égard de l'inconnu. Cette crainte et cette hostilité ont tendance à générer le conflit entre des groupes inconnus plutôt qu'à les faire coopérer. À leurs yeux, « les nôtres » sont de vrais êtres humains, tandis que le monde extérieur est plein de symboles flous homogènes. Ces étrangers ne sont pas des êtres vivants, mais des entités maléfiques. Ceux qui souscrivent à cette pensée résisteront à la liberté de migration, refuseront de coopérer et rejetteront la micro-démocratie.

En réalité, si les nationalistes ont la possibilité de se mêler aux peuples d'autres nations et d'apprendre à les connaître plus profondément en personne, ils abandonneront probablement leurs stéréotypes et se mettront à juger l'autre plutôt par son caractère, ses préférences et ses comportements individuels. Cela les fera passer de loyalistes des nations à des amoureux de l'humanité et du monde. Il faut également anticiper que les nationalistes et les patriotes seront une cible de recrutement des vieux politiciens. Les vieux politiciens utiliseront la gloire de la nation, l'honneur et la haine afin de renforcer leur identité, effaceront leur individualité et leur humanité, et finiront par les transformer en soldats de l'Ancien Monde. Après tout, il est difficile et douloureux de se renier soi-même, bien que s'éveiller et grandir soit une expérience joyeuse et rafraîchissante. La micro-démocratie doit s'efforcer de gagner le cœur des nationalistes afin de les rendre rationnels, ouverts d'esprit et humanistes, pour qu'ils puissent se transcender eux-mêmes et devenir solidaires du progrès et de l'avenir.

Le *Nouvel Ordre Mondial*[8] est un autre ennemi de la micro-démocratie. Le nouvel ordre mondial évoqué ici n'est pas un ordre émergent de fonctionnement mondial. Il fait spécifiquement référence à l'alliance des forces capitalistes mondiales avec des groupes religieux secrets, et aux organisations créées dans le but de réaliser leurs objectifs cachés. En surface, ils tentent d'établir un gouvernement mondial centralisé dirigé par les élites, mais leur véritable cercle est très discret et extrêmement secret. Cette culture du secret et ce mystère les renforcent et leur permettent de mener discrètement des opérations illégales. L'argent et le christianisme étant leurs principaux instruments, ce sont dans les organisations politiques et les institutions des démocraties occidentales qu'ils sont le plus infiltrés. Mais ne vous y trompez pas : ces gens ne sont en aucun cas des amoureux de la démocratie et des droits de l'homme. Ils n'hésitent jamais à conspirer, à mentir, à corrompre, à utiliser des dictateurs et des guerres pour atteindre leur but, à savoir le pouvoir et le contrôle, au prix de la vie de millions de civils innocents. En substance, le nouvel ordre mondial est une société moderne d'esclavage dirigée par des mains invisibles, sous le couvert de la mondialisation.

L'idée d'abolir les frontières nationales et d'établir un gouvernement mondial peut faire croire à tort que le nouvel ordre mondial et la micro-démocratie partageraient certains principes. Au contraire, cela fait d'eux deux ennemis. En effet, leur idée d'un gouvernement mondial centralisé constitue en réalité une organisation de forces maléfiques sous leur forme la plus puissante et la plus trompeuse, qui menacerait gravement l'existence de la micro-démocratie. Les bâtisseurs de la micro-démocratie doivent clairement reconnaître les distinctions fondamentales qui existent entre le nouvel ordre mondial et la micro-démocratie : tout d'abord, un gouvernement micro-démocratique est décentralisé et distribué jusqu'au plus petit dénominateur commun : le citoyen. Il s'agit d'un système de démocratie directe qui n'adoptera jamais de système représentatif. Deuxièmement, un gouvernement micro-démocratique doit divulguer entièrement toutes les informations qu'il a à sa disposition, de la collecte au traitement. Il empêche également toute désinformation d'être utilisée à des fins de manipulation de l'opinion publique. Enfin, la micro-démocratie est dotée d'un mécanisme fiable rétablissant automatiquement et rapidement le système micro-démocratique suite à toute déviation temporaire qui aurait été occasionnée par une guerre ou catastrophe naturelle. Ce mécanisme doit par ailleurs être en mesure de détecter et de traiter les cas de gestion passive ou de prolongation délibérée des menaces extérieures, de sorte que le nouvel ordre mondial ne puisse trouver de place au chaud sous la carapace de la micro-démocratie afin de la parasiter et de lui voler ses fruits.

Afin de saper le soutien de la population au système micro-démocratique, ses ennemis la calomnieront afin de provoquer l'incompréhension, la peur et l'hostilité à son égard. Il est donc nécessaire d'apporter des clarifications et des explications préventives sur certaines des dérives et des questions auxquelles la micro-démocratie est le plus susceptible d'être confrontée.

De nombreux films de science-fiction, émissions de télévision et livres ont dépeint des scènes où l'on voyait une intelligence artificielle hors de contrôle, dans lesquelles des robots tangibles ou invisibles gouvernent, asservissent et même massacrent l'humanité. On peut d'ores et déjà imaginer que la menace de l'intelligence artificielle sera un argument utilisé pour discréditer la micro-démocratie. Les pays micro-démocratiques gérant tous le processus décisionnel avec des systèmes informatiques, y a-t-il un risque que le système soit détourné par les machines et soit retourné contre les humains afin de les asservir ? En tant qu'expert des technologies de l'information, permettez-moi de vous apporter quelques explications simples qui, sans aucun doute, dissiperont vos doutes.

Beaucoup sont convaincus que l'avenir sera aussi « coloré » que l'imagerie générée par ordinateur dans les films, et de nombreuses entreprises utilisent aujourd'hui l'excitation suscitée par l'intelligence artificielle à des fins commerciales. Pourtant, aux yeux des experts techniques sérieux, la technologie de l'intelligence artificielle est encore bien loin de donner aux machines une véritable conscience d'elles-mêmes. Bien que de nombreux produits dotés d'impressionnantes capacités d'interaction linguistique et comportementale soient apparus sur le marché, ils ne font que simuler des comportements humains sans vraiment comprendre, raisonner ou penser. Dans le domaine des sciences de l'information, les simulations de processus de pensée sont mises en œuvre sous forme d'algorithmes, qui sont des programmes informatiques écrits par des programmeurs. De nombreux mécanismes fondamentaux du fonctionnement du cerveau humain, tels que l'association, la conscience de soi et le subconscient, ne sont pas encore complètement compris, et encore moins imités et reproduits. Par conséquent, les algorithmes actuels sont à peine capables de simuler les parties les plus superficielles et les plus simples de la pensée humaine. En dernière analyse, ajoutons que tout algorithme est limité par les capacités (humaines) de ses développeurs. À l'heure actuelle, les informaticiens n'ont encore trouvé aucune méthode permettant aux machines de développer elles-mêmes de nouveaux algorithmes. Tant qu'une percée n'aura pas eu lieu dans ce domaine, l'ordinateur ne dépassera jamais la capacité de réflexion des humains.

Les ordinateurs nous surpassent en effet dans certains domaines tels que le traitement, le stockage et la récupération de données. En développant ces avantages à l'extrême et en leur apportant quelques fonctions anthropomorphiques fantaisistes, les ordinateurs peuvent parfois produire des choses étonnantes et inattendues, donnant l'impression que les machines surpassent les humains. Évidemment, les entreprises technologiques utilisent cette vision fantaisiste de l'intelligence artificielle pour impressionner leurs clients et leurs actionnaires. Mais derrière ces illusions, les machines ne sont encore que des outils exploités par des humains, sans conscience, sans âme et sans capacité d'auto-évolution.

La question de savoir si les machines pourront un jour avoir une conscience reste controversée. Nous n'avons toujours pas de preuve ou de signe convaincant et fiable que la technologie s'approcherait d'une telle percée. Les humains ne seront peut-être jamais capables de donner aux machines une capacité de raisonnement et une âme vraiment indépendante. Je reste toutefois prudemment optimiste quant au fait qu'après un long et incessant effort, nous pourrons peut-être enfin un jour développer la technologie qui permettra aux machines d'avoir une conscience et d'autres caractéristiques de la vie humaine. Soyez sans crainte : même si cela se produit, cela n'affectera pas les systèmes informatiques de la micro-démocratie. En effet, tout programme qui pourra, si cela arrive, rendre une machine consciente d'elle-même et réellement intelligente devra émerger d'un ensemble d'algorithmes complexes et spécialisés, appelés programmes à forte intensité algorithmique. Les systèmes informatiques de la micro-démocratie n'ont pas besoin et ne doivent pas utiliser un tel programme. Bien que la quantité de données traitées par le système informatique de la micro-démocratie soit massive, la logique de traitement de ces données est relativement simple car il s'agit pour la plupart de calculs et de statistiques purement numériques, avec une complexité comparable à celle des systèmes bancaires de base actuels. Il s'inscrit donc dans la catégorie des systèmes de registre à forte intensité de données, un type de système entièrement différent des programmes à forte intensité algorithmique.

Toute la logique de base de la micro-démocratie se trouve dans ce livre, et tout citoyen ayant reçu une éducation élémentaire peut la comprendre sans effort. Le système informatique de la micro-démocratie peut donc la mettre en œuvre avec des algorithmes assez simples. La plupart des développeurs de logiciels ayant reçu une formation complète en programmation peuvent les construire sans problème. Le code source complet du programme de ce système doit être publié et accessible librement afin que chacun puisse étudier sa logique interne pour le protéger des codes malveillants. Afin de remplir ses objectifs fonctionnels, son architecture et sa conception doivent être aussi simples que possible. Un système construit avec des algorithmes simples en tant que tels ne produira jamais de soi-disant conscience de lui-même. Le contrôle public dont il fait l'objet bloque par ailleurs toute tentative d'introduction d'algorithme suspect et complexe dans le système.

En outre, dans les systèmes micro-démocratiques, la grande majorité des décisions proviennent des statistiques des registres de vote des citoyens, indiquant donc que ce sont les citoyens qui prennent les décisions. Les machines, elles, ne font que faciliter les calculs. Les seules exceptions sont les décisions judiciaires. Le système micro-démocratique peut mettre en place un mécanisme de prise de décision automatisée, de sorte que les précédents juridiques historiques massifs puissent être efficacement mis à profit et référencés, rendant les décisions juridiques plus justes et plus cohérentes. Toutefois, et même dans ce cas, la décision assistée par le mécanisme informatique ne peut jamais être définitive. Chaque fois qu'une partie fait appel, la décision finale doit être prise par l'homme. Par conséquent, le pouvoir décisionnel de la micro-démocratie est toujours entièrement entre les mains des gens, et non des machines.

Une autre menace souvent décrite dans les œuvres littéraires et artistiques est l'omniprésence de la surveillance, du contrôle, de l'asservissement et de la persécution de la population par des dictateurs, des États policiers ou des pirates informatiques à l'aide de dispositifs et de réseaux électroniques. Face aux avantages écrasants que présente la technologie, les gens abandonnent, impuissants, leurs droits et leur liberté. Une telle éventualité n'est plus de la science-fiction, mais devient aujourd'hui très vite possible. S'il existe une technologie qui peut aider les dirigeants à consolider et à étendre leur pouvoir, et à contrôler la population, ils la développeront et en tireront parti sans hésiter. En provoquant de faux incidents et en exagérant les menaces, ils déploient ces technologies à grande échelle au nom de la sécurité nationale et de l'ordre social. Certaines possibilités d'amélioration de l'efficacité des services publics et du confort de vie contribuent par ailleurs à convaincre le public d'adopter ces technologies. Sans que nous ne soyons au courant, nos dirigeants ont construit de vastes réseaux de surveillance leur permettant d'espionner la vie des citoyens via des millions de caméras, de contrôler l'ensemble des finances de la population via l'argent électronique, de filtrer les communications des citoyens via les médias sociaux, et de leur laver le cerveau avec de la désinformation. Ainsi, nos dirigeants agissent tels des bergers conduisant le troupeau, se prennent pour Dieu, et récoltent la peau, la laine et la viande des moutons à leur guise. Lorsque le peuple prendra conscience de ce qu'il se passe, si jamais il le fait, il sera trop tard.

Le système informatique de la micro-démocratie, qui constitue également un réseau à grande échelle, sera-t-il accaparé pour alimenter les menaces susmentionnées ou même servir de structure centrale à ces conspirations ? La réponse est non, pour les raisons suivantes :

Premièrement, la micro-démocratie n'est pas obligatoire. Les citoyens sont libres de décider dans quelle mesure ils souhaitent utiliser ce système et participer à la prise de décision démocratique. Si un individu souhaite s'impliquer profondément dans la politique, il est possible qu'il doive fournir des informations relativement personnelles afin de recevoir un poids supplémentaire lors du vote ou pour se qualifier pour certains rôles tel qu'agent d'opinion publique. Mais, s'il préfère se séparer complètement des activités politiques, il a le droit de les ignorer complètement. Dans ce cas, dans un système micro-démocratique, le poids de vote de cette personne sera transféré à ses délégués désignés ou au parti primaire par défaut.

Deuxièmement, dans un système micro-démocratique, l'information est totalement ouverte et accessible à tous de manière égale. Le cycle de vie complet de toute résolution est sous les projecteurs et sous le microscope de la population tout au long de la procédure par ailleurs constituée de règles ouvertes, règles et procédures étant elles-mêmes déterminées par tous les citoyens de manière démocratique également. Ceux-ci ont le choix de rendre public ou non leur historique de vote, mais les historiques de vote des agences de consultation politique doivent être entièrement accessibles au public. Le droit de savoir, infusant des droits institutionnels, exige que toute information publique soit mise à la disposition du grand public sans discrimination ni condition. Cela inclut, de manière non exhaustive, toute information sociale liée à la pondération des votes, et toute information sur les événements publics et la surveillance dans les lieux publics. En parallèle, la vie privée des citoyens est strictement protégée, et aucun système n'a le droit d'enregistrer et de divulguer les informations privées d'un citoyen sans son consentement. Selon ces principes, il n'existe aucune caste privilégiée qui puisse espionner la vie privée des citoyens, obtenir et tenir secret des informations sous le prétexte du secret d'État, ni filtrer ou déformer des informations publiques, ou bloquer la parole des citoyens.

Le système informatique de la micro-démocratie est par ailleurs indépendant. Il n'a pas besoin et ne doit pas être lié à un système de contrôle externe (tels que des systèmes de surveillance, des systèmes de contrôle des installations publiques, des services sociaux non institutionnels de défense des droits de l'homme ou des systèmes d'entreprise, etc.) et ne dépend certainement pas d'eux. Par conséquent, le risque d'exploiter les vulnérabilités de ces systèmes connectés dans le but de les contrôler ou de les saboter est quasiment nul.

Un système micro-démocratique ne peut non seulement pas devenir le complice d'un dictateur, mais il lui résistera et le fera chuter. Alors que les gouvernements du monde entier accélèrent aujourd'hui le déploiement de technologies de surveillance, de contrôle et d'asservissement, de plus en plus de gens se réveillent et comprennent ce qu'il se passe. Mais si les peuples font preuve de plus en plus de résistance face à la technologie, ils s'attaquent moins au cœur du problème : la classe dirigeante et le système politique lui-même. Étant hors cible, ces résistances anti-technologiques non seulement ne règlent aucun problème, mais sont facilement vilipendées comme des actes extrémistes ou même terroristes, et donc marginalisées. Cela entrave le développement d'un large soutien populaire à celles-ci. La micro-démocratie aborde les problèmes à un niveau plus profond. Elle met en lumière la relation logique entre la technologie et les politiques, et identifie quelles technologies et quelles politiques exactes font peser des menaces sur le bien-être du public et sur la liberté de la société. Elle propose ensuite, de manière constructive, des moyens et des principes d'utilisation des technologies avancées qui profitent à l'humanité. En dernière analyse, disons que la population devrait s'opposer non pas tant contre l'utilisation de l'information que contre l'asymétrie de l'information. Si tout le monde peut accéder à l'information de manière égale et complète, alors l'information devient notre meilleure alliée.

Le système de la micro-démocratie comporte de nombreux paramètres ajustables, notamment les formules de poids de votes, les formules de rémunération des votes délégués, les règles de sélection des délégations par défaut, les règles de revalidation des résolutions, les qualifications des agents d'opinion publique, les processus décisionnels, etc. Différents réglages de ces paramètres entraîneront différents styles de prise de décision. La dynamique créée par la combinaison de ces paramètres, associée aux résolutions historiques et aux conditions extérieures en constante évolution, rendra l'évolution d'une société micro-démocratique pleine de possibilités et de variations. L'étude de ces combinaisons et de cette dynamique suffit à former des disciplines indépendantes en politique et dans l'administration publique. Le comportement du système deviendra plus prévisible et contrôlable à mesure que l'expérience de la population avec celui-ci s'accumulera, jusqu'à ce qu'elle arrive à un équilibre vertueux entre la stabilité et l'évolution de la société. À l'aube de la micro-démocratie, une phase d'apprentissage sera indispensable et son fonctionnement rempli d'essais et d'erreurs. À ce stade, la population verra probablement apparaître les configurations déraisonnables à abandonner, causant quelques défauts et confusions temporaires. L'ajustement dynamique et la concurrence pacifique entre les régions contribueront à l'émergence de configurations supérieures et éliminant progressivement les plus déraisonnables. Cela permettra d'affiner le fonctionnement de la micro-démocratie. Il se peut, toutefois, qu'un chaos initial soit inévitable, car les ennemis de la micro-démocratie ne manqueront pas une occasion d'attaquer son système pendant sa phase initiale difficile et temporaire.

Bien que la période expérimentale initiale de micro-démocratie soit inévitable, certaines stratégies peuvent contribuer à en réduire les effets négatifs. Il convient tout d'abord, et cela est très important, d'éviter une configuration trop agressive des paramètres. Même si la population souhaite expérimenter des configurations audacieuses, elle doit les décomposer en étapes de sorte que chaque étape soit relativement petite et facile à ajuster. Deuxièmement, il convient d'éviter les itérations fréquentes et de prévoir suffisamment de temps pour que chaque configuration puisse pleinement se dérouler et révéler ses caractéristiques, de manière à permettre aux ajustements ultérieurs d'être plus raisonnables et plus « scientifiques ». De plus, il convient de diviser très finement les régions décisionnelles, même si cela peut paraître trop au départ. De cette façon, les citoyens pourront expérimenter différentes configurations dans différentes régions en parallèle, comparer leurs avantages et leurs inconvénients, et observer leurs interactions, de sorte que la science de la configuration de la micro-démocratie puisse évoluer rapidement. Cette approche permet par ailleurs d'isoler relativement facilement certaines configurations sous-optimales afin de limiter et de réduire leurs effets négatifs. Enfin, les citoyens doivent avoir des attentes raisonnables quant au processus de perfectionnement de la micro-démocratie et adopter consciemment une stratégie relativement conservatrice afin d'être mieux préparés aux difficultés du processus d'essai et d'erreur. De cette manière, les calomnies, les menaces et les destructions des premiers jours peuvent être atténuées, afin que la micro-démocratie puisse entrer plus rapidement et plus facilement dans un état de fonctionnement stable.

Les attaques personnelles ont toujours été légion en politique, en particulier dans les démocraties représentatives, et la raison en est évidente : l'identité du représentant provient du vote, qui dépend de l'image publique du candidat. Saper la réputation du concurrent, c'est affaiblir sa force et amplifier la sienne. Les attaques personnelles sont également utilisées pour détourner l'attention des gens afin qu'ils soient attirés par les traits de caractère des candidats plutôt que par leurs réelles positions politiques.

Les ennemis de la micro-démocratie utiliseront forcément ce type d'attaque (et d'autres) contre les partisans de la micro-démocratie et ceux qui la mettent en œuvre. Ils remettront en question leurs motivations, dénigreront leur personnalité et excluront certaines personnes en fonction de leur identité et de leur passé. Mais ces attaques sont bien moins meurtrières dans la micro-démocratie que dans une démocratie représentative. En effet, dans une micro-démocratie, l'acquisition du pouvoir par le vote des électeurs n'est pas l'objectif des militants. Ils ne se verront accorder aucun privilège par le système politique. Même s'ils reçoivent des délégations de la part des électeurs, ces derniers peuvent la retirer à tout moment. Par conséquent, les motivations, la conduite personnelle et les capacités des personnalités politiques n'affectent pas vraiment les droits et les intérêts du peuple. Lorsque les gens prendront conscience de ce fait, ils porteront leur regard sur les avantages du système lui-même et sur les problématiques spécifiques, plutôt que sur les personnalités des « nouveaux » politiciens. Cela se retournera contre les « vieux » politiciens qui jouent le jeu de l'attaque personnelle.

Lorsque tout le pays fonctionne grâce à un système informatique, sa fiabilité et sa sécurité sont vitales. À l'ère d'internet, il est très fréquent que des incidents de sécurité se produisent, et les inquiétudes à ce sujet sont tout à fait justifiées. Évidemment, les ennemis de la micro-démocratie ne manqueront jamais une occasion d'exagérer les risques potentiels du système de la micro-démocratie, de remettre en question sa faisabilité et de saper la confiance des citoyens à son égard.

Pour faire face à ces menaces prévisibles à la sécurité des systèmes informatiques, les industries concernées ont développé des technologies très matures et des stratégies globales de prévention et de réaction. En fait, les causes des accidents de sécurité proviennent presque toujours d'investissements insuffisants, d'une mauvaise conception et mise en œuvre du système, ou de réglementations de sécurité inadéquate. Ils peuvent donc être évités grâce à des mesures défensives solides, et leur impact éventuel peut être rendu « acceptable » grâce à des stratégies d'urgence appropriées. Par exemple, en cas de défaillance d'un équipement, des mesures telles que la redondance (*redundancy*), l'équilibrage des charges (*load balancing*) et le basculement (*failover*) peuvent éviter les défaillances ponctuelles et prévenir les interruptions de service. Pour faire face à la menace de virus informatiques et de piratage, le choix d'un système d'exploitation fiable équipé d'une protection solide peut réduire considérablement le risque, d'autant plus pour un environnement réseau strictement cloisonné. Par exemple, grâce à ces protections rigoureuses, le système central IBM9, très utilisé dans le secteur financier, n'a jamais, en plusieurs décennies d'usage, été pénétré ou infecté par un virus. Outre la stratégie consistant à construire une forteresse centrale indestructible, des stratégies de sécurité distribuées et décentralisées ont également vu le jour grâce au développement des technologies de l'informatique dématérialisée.[10] Avec une telle architecture, les services sont hébergés de manière décentralisée à travers l'ensemble du réseau, collaborant et se sauvegardant mutuellement. Lorsque des accidents surviennent, entraînant la défaillance de certains nœuds (*nodes*), d'autres nœuds non défaillants suffisent encore à assurer le fonctionnement global ininterrompu de la plateforme, et à aider les nœuds défaillants à se rétablir.

L'histoire de la protection des systèmes d'information critiques montre que les « défenseurs » ont le plus souvent réussi à éviter les attaques d'agresseurs et d'intrus. Même dans le cas de rares incidents de défaillance, le système peut toujours être réparé et rétabli très rapidement. La majorité de ces incidents étaient caractérisés par des fuites et des vols d'informations confidentielles ; l'altération directe de données ou la destruction du système lui-même étant beaucoup plus rares. La micro-démocratie a pour but de rendre les activités politiques ouvertes et transparentes pour tous les citoyens. Les données ne sont donc jamais confidentielles. Au contraire, le système doit assurer le fonctionnement de canaux rendant l'information accessible au public autant que possible. Il n'y a pas de « vol » d'informations puisqu'elles appartiennent à tout le monde. La seule exception est une petite quantité d'informations personnelles de citoyens stockée dans le système à des fins d'assistance, telles que le calcul des poids de vote ou des délégations. Ce type d'information ne traite que de l'identité des citoyens et de l'enregistrement de leurs activités politiques, et ne contient pas de données sensibles sur leur vie privée.

Une autre attaque fréquente est la consommation malveillante et massive des ressources du système, le rendant inaccessible aux utilisateurs pendant un certain temps. Ce type d'attaque est communément connu sous le nom d'attaque par déni de service (DoS)[11], et elle entraîne souvent des pertes financières importantes. Après tout, chaque minute où le système est hors ligne peut entraîner la perte de clients et le détournement des ventes vers des concurrents. Un tel incident peut cependant n'avoir un impact que relativement faible sur les opérations de la micro-démocratie. En effet, les activités de vote sont peu sensibles au facteur temps et, par conséquent, un report de plusieurs heures ou même de plusieurs jours de ceux-ci ne peut, dans la plupart des cas, avoir un grand impact sur les activités politiques. Bien sûr, en théorie, un système micro-démocratique doit pouvoir fournir un service ininterrompu tout au long de la journée. Mais si on le compare aux cinq jours et huit heures de travail hebdomadaire habituel des institutions politiques et des gouvernements actuels, il dépasse de loin les exigences de base du fonctionnement d'un gouvernement. Même si le niveau de service du système se dégrade de manière significative, par exemple en ne fournissant que 12 heures de service par jour, et consacrant le reste du temps à la maintenance du système, ou en permettant des interruptions fréquentes, bien que moins agréables, il reste tout de même suffisant au bon déroulement des opérations politiques.

Quel que soit le niveau de sécurité des mesures prises, il est toujours crucial d'avoir un plan de rétablissement du service. Aujourd'hui, de nombreuses solutions sophistiquées et fiables de protection des systèmes informatiques et de reprise après sinistre sont disponibles, et elles s'améliorent sans cesse. La présentation de telles solutions dépasse évidemment le cadre de ce livre, mais si cela vous intéresse, l'accès à ces connaissances est largement disponible sur divers canaux.

Au-delà de ces solutions techniques conventionnelles, une approche unique permettra d'offrir une protection inégalée à la micro-démocratie. Il s'agit de distribuer régulièrement tout le code source du système et toutes les données de fonctionnement démocratique aux appareils personnels de tous les citoyens. Si nous nous basons sur l'estimation du volume de données à transférer, seules des données textuelles et numériques sont à sauvegarder. En utilisant la compression de données, le paquet de données à enregistrer sur l'appareil des citoyens sera bien plus léger que la plupart des fichiers vidéo d'un film. Tout smartphone moyen et haut de gamme actuel sera largement capable de sauvegarder ces données sans aucun problème. Avec le réseau à haut débit dont nous jouissons aujourd'hui, la transmission de l'ensemble de ces données peut être achevée en quelques minutes maximum. Grâce à ce procédé, l'ensemble des connaissances et des données accumulées par le système de la micro-démocratie résideront dans chaque appareil électronique, tout comme nos gènes sont copiés dans chacune de nos cellules. Cette protection permettra le rétablissement du fonctionnement du système de micro-démocratie et de toutes ses données, quel que soit le type de dommage subi par le système, et tant que ce système est adopté de manière unifiée dans le monde entier.

D'après l'analyse ci-dessus, la technologie ne sera pas un obstacle à la réalisation de la micro-démocratie ; ce qui constitue la véritable menace, ce sont plutôt ses puissants ennemis humains. Partant de cela, imaginons les trois voies de mise en œuvre de la micro-démocratie les plus probables :

Première voie : **aéroportée**

Piloter la micro-démocratie dans une région administrative spéciale, l'améliorer et l'étendre progressivement jusqu'à ce qu'un État prenne forme, ou convertir directement certains mini-pays indépendants en nations micro-démocratiques en restructurant directement le gouvernement et commençant à y appliquer les lois de la micro-démocratie.

Cette voie nécessite la coopération des habitants, le soutien de politiciens visionnaires et une aide financière considérable qui permettront, ensemble, d'établir et d'améliorer l'infrastructure de la micro-démocratie. Dans l'idéal, c'est la façon la plus simple et la plus raisonnable de réaliser la micro-démocratie. L'ensemble du processus se déroule de manière préparée et ordonnée, avec une planification réfléchie et des ressources matérielles suffisantes, de sorte que la transition sera stable et sans heurts pour la population locale. Mais certaines conditions préalables à ce type d'implémentation de la micro-démocratie sont difficiles à remplir. La micro-démocratie transcende les nations modernes, les « vieux » politiciens sont donc ses ennemis naturels. La délimitation de zones spécifiques sur le territoire d'une nation moderne existante grâce au soutien de « vieux » politiciens ne peut être rendue possible que par certaines situations extrêmes. Les crises politiques et économiques peuvent, par exemple, obliger les hommes politiques à faire des compromis avec l'opinion publique. Mais dans ces situations critiques, le manque de ressources et l'instabilité sociale rendent également ce schéma plus compliqué. Un fort soutien financier est crucial, mais il doit rester inconditionnel et désintéressé, sans échange de privilèges particuliers avec qui que ce soit, afin d'éviter que le système de la micro-démocratique ne soit détourné et manipulé par le grand capital. Les ennemis de la micro-démocratie peuvent également faire semblant de la soutenir et, secrètement, œuvrer à sa destruction et lui mettre des bâtons dans les roues. Leur but est de la mettre en échec afin de détruire la confiance et l'espoir que les peuples placent dans la révolution micro-démocratique. Les pionniers de la micro-démocratie doivent faire preuve de sagesse afin de comprendre les véritables intentions de ses différents partisans. Ils doivent rejeter les canards boiteux et les personnes mal intentionnées de leurs rangs, forcer leurs homologues à adhérer totalement aux principes de la micro-démocratie, et ne pas faire de compromis d'apparence inoffensifs mais qui, sur le long terme, peuvent être dangereux.

Deuxième voie : **reconstruire**

Créer un tout nouveau pays micro-démocratique à partir de rien sur un continent inhabité, et y reconstruire une civilisation.

Les nations modernes ayant longtemps occupé toutes les terres fertiles de la planète, il ne reste que des déserts stériles, des régions sauvages, des champs de glace et des océans. Il nous faut des pionniers partageant les mêmes idées, avec des convictions et un sens du sacrifice inébranlables, afin de porter la civilisation humaine vers des terres primitives. Il ne fait aucun doute que cette voie se confronte à d'énormes défis en sur le plan de l'espace, du temps, du matériel et de la technologie. Toutefois, cette approche a le mérite de rendre possible la transformation d'idées en réalité tangible. Tous les participants à un tel projet ne pouvant être que de fervents partisans de la micro-démocratie, sa réalisation et sa mise en œuvre n'en seront que plus efficientes. Elle rend par ailleurs plus simple la gestion de perturbations éventuelles de la part d'ennemis extérieurs. Pour ces pionniers enthousiastes et optimistes, le fait d'accepter les difficultés, de les surmonter ensemble, et de faire naître cette nouvelle civilisation ne sera pas une souffrance, mais une source héroïque de motivation et de bonheur.

Troisième voie : **transformer**

Encourager les gens à pratiquer la micro-démocratie dans divers environnements et conditions. Commencer par les décisions de la vie quotidienne, au lieu de chercher à l'appliquer directement au fonctionnement du gouvernement et à l'élaboration des politiques. Une fois la population familiarisée avec cette méthode et les techniques de configuration de la micro-démocratie perfectionnées et matures, cette méthode de prise de décision s'étendra naturellement aux affaires publiques plus complexes jusqu'à ce qu'elle soit capable de simuler le gouvernement grâce au réseau virtuel.

Bien entendu, la simplification de la micro-démocratie dans les premières années de sa mise en œuvre empêchera la garantie de nombreuses de ses caractéristiques essentielles ; l'absence de droits de l'homme institutionnels affectera par exemple la qualité générale de la prise de décision. Lorsque la population prendra conscience de ce problème, elle sera de plus en plus désireuse d'avoir un système qui garantisse effectivement ces droits, ce qui constituera une forte incitation à étendre le système de la micro-démocratie aux activités politiques et au gouvernement. Si la micro-démocratie simplifiée fonctionne dans un réseau virtuel transfrontalier, alors il est probable qu'elle devienne également transfrontalière, voire mondiale, dans le monde réel. Des pays existants peuvent, par exemple, progressivement céder une partie de leur pouvoir décisionnel au système de la micro-démocratie dans le réseau virtuel, à la suite d'une forte pression populaire. Une fois qu'une partie de ce pouvoir a été transféré et que le système est stable, d'autres domaines de décision peuvent suivre. L'impact d'un tel procédé sur la population serait minime.

Cette voie implique toutefois certains risques : l'ensemble du processus peut être détourné par de « vieux » politiciens. Les élites mondialisées de l'Ancien Monde pourraient profiter de l'absence de garantie des droits de l'homme institutionnels qu'implique la simplification de la micro-démocratie dans ses premières années, et abuser du poids de vote accru que leur procurent leurs connaissances et leur expérience pour consolider et renforcer leurs privilèges pendant la transition, et ainsi continuer à profiter de leurs privilèges pendant très longtemps. Pire encore, ils pourraient transformer sournoisement le système de la micro-démocratie en un système favorisant les privilégiés. Pour réponse à ce problème, des dispositions spéciales doivent être prises pendant la période de transition. Il est par exemple nécessaire de raccourcir la durée active des résolutions prises tant que les droits de l'homme institutionnels ne sont pas garantis, et revalider toutes les politiques une fois cette garantie effective. En d'autres termes, toutes les décisions prises pendant la phase « simplifiée » de la micro-démocratie doivent être considérées comme temporaires, et seule la revalidation une fois les droits de l'homme institutionnels garantis par le système peut faire d'elles des résolutions officielles.

Aucune de ces voies ne repose sur la violence ou la destruction. Bien que les populations aient évidemment un droit légitime de résister, même violemment, à l'oppression et à la persécution de l'ancien système, la rébellion violente et l'oppression sont tout aussi dangereuses et toxiques pour la micro-démocratie, et peuvent facilement faire dévier la cause révolutionnaire de son intention première et aboutir à une nouvelle tyrannie. Par conséquent, la voie non violente doit être privilégiée dans la mise en œuvre de la micro-démocratie. Même si, afin de réaliser la micro-démocratie, une certaine violence contre les forces de l'Ancien Monde constitue un mal nécessaire, il faudra alors, en cas de succès, prendre des mesures afin d'imposer la non-violence, de purifier et de normaliser le système.

 # La Science

Le fonctionnement de la micro-démocratie se fait grâce à toute une série de règles et de paramètres. Dans le système de la micro-démocratie, une combinaison spécifique de règles et de paramètres constitue un ensemble de paramètres techniques. Chaque région, quel que soit son échelon, peut individuellement adopter ses propres paramètres techniques. Chaque ensemble de paramètres a ses propres caractéristiques, qui ont une influence significative sur le style de prise de décision, le mode de vie et l'orientation du développement social de la région concernée. L'interaction interrégionale et l'auto-évolution de la société reflètent essentiellement les interactions de leurs paramètres techniques sous-jacents. Lorsque toutes les régions interagissent les unes avec les autres au sein d'un pays micro-démocratique, tout cela forme un écosystème. L'étude de ces règles, paramètres, combinaisons et de leurs implications sociales constitue une science. Cette science forme un nouvel instrument permettant de comprendre et de prédire les effets des éléments ci-dessus sur une société micro-démocratique donnée, et d'y réagir consciemment afin de servir le but de ce système politique, qui est de maximiser l'utilité sociale.

La micro-démocratie encourage la diversité et le libre développement de la société, elle est donc ouverte et inclusive à différentes configurations techniques. Elle favorise le plein développement et l'évolution de la société dans différentes régions en donnant au peuple une plus grande liberté dans ses choix d'orientation de la civilisation. Certaines valeurs extrêmes ou combinaisons particulières peuvent toutefois nuire à l'égalité, à la liberté et à l'utilité sociale. Il faut en être conscient et donc redoubler de prudence à cet égard.

Par exemple, lors de la détermination du rapport de pondération, si le poids de la proximité des intérêts est disproportionnellement plus élevé dans le suffrage que celui des autres facteurs, et que l'avoir personnel est l'élément principal de la formule, alors le capital et la richesse, plutôt que les individus, acquièrent en fait un pouvoir politique trop important. Cela donnera d'énormes avantages à quelques riches. Et si la proportion du poids du vote relatif au temps de résidence augmente de manière exponentielle, les personnes âgées et les résidents d'origine obtiennent un avantage écrasant avec les droits civils, amenant les jeunes et les immigrés à être sévèrement réprimés. Par ailleurs, si, dans le cadre des procédures démocratiques, la fréquence de revalidation des résolutions est trop faible, par exemple tous les cinquante ans ou plus, ou si ses conditions de déclenchement sont trop sévères, le mécanisme de revalidation est rendu inutile. Ainsi, les intérêts en présence peuvent s'assurer que les résolutions soient en leur faveur pendant une longue période, voire pour toujours. Comme vous le voyez, même si l'importance des principes de la micro-démocratie est évidente, ce n'est qu'en la configurant avec des paramètres techniques raisonnables que son réel objectif sera atteint.

Heureusement, les droits de l'homme institutionnels de la micro-démocratie forment une sorte de « garde-fou ». Lorsque des paramètres extrêmes et des combinaisons folles apparaissent, les citoyens sont toujours protégés et peuvent corriger ces écarts efficacement. Les droits institutionnels servent de restrictions aux paramètres politiques, les empêchant d'atteindre des fourchettes de configuration trop extrêmes. En ce sens, la micro-démocratie n'est rien d'autre qu'un système politique qui présélectionne de manière unique ses paramètres institutionnels en matière de droits de l'homme. Au-delà de ces restrictions de paramètres, d'autres systèmes politiques peuvent également être définis, représentés et catégorisés de manière paramétrique.

Afin d'étudier la nature des systèmes politiques sous-jacents, la partie restante de ce chapitre présente un nouveau modèle analytique de la social-démocratie ainsi que quelques indicateurs quantitatifs. Grâce à ces outils, vous pourrez mener une analyse qualitative objective et une comparaison horizontale des différents systèmes politiques, et conclure raisonnablement à la supériorité de la micro-démocratie. Il est vrai que, pour les lecteurs qui ne sont pas familiers avec les méthodes d'analyse scientifique, le contenu suivant peut paraître obscur. Dans ce cas, sauter cette partie ne vous empêchera pas de saisir pleinement les concepts de la théorie de la micro-démocratie.

L'analyse de la granularité de la prise de décision politique (Political Decision-making Granularity Analysis - PDGA) étudie la distribution granulaire et la combinaison des sujets et des objets dans la prise de décision politique. L'objectif est de comprendre ses caractéristiques et ses modèles de prise de décision, puis de prédire son impact sur les résultats du vote (en abrégé : *analyse granulaire - Granular Analysis* ou *GA*). Il s'agit principalement des indicateurs et concepts suivants :

- La *granularité du sujet de la prise de décision politique (Political Decision-making Subject Granularity - PDSG)* fait référence à la proportion de sujets de prise de décision (ceux qui participent à la prise de décision politique et qui ont un impact substantiel sur son résultat) par rapport à la population (en abrégé, *granularité du sujet - Subject*

Granularity ou *SG*). Ses valeurs vont de 0 à 1 (ou 0 à 100 %). La valeur 0 indique que le sujet mentionné ci-dessus est la plus petite unité décisionnelle de la société - c'est-à-dire les citoyens individuels - ce qui signifie que le ratio d'un individu par rapport au nombre total de citoyens est d'environ 0 %. Une augmentation progressive de cette valeur indique que la proportion de représentation de la population du sujet de la prise de décision - c'est-à-dire les représentants ou les délégués - a augmenté progressivement dans le cadre des activités de prise de décision. La valeur 1 représente donc le plus haut, dans le cas ou le représentant ou délégué décisionnel est seul : un dictateur, détenant les pleins pouvoirs et qui prend des décisions pour tous les citoyens (100%).

- La *granularité des objets de décision politique (Political Decision-making Object Granularity - PDOG)* fait référence à la proportion de citoyens couverts et affectés par les objets de décision (c'est-à-dire les problématiques/questions de décision politique) dans les activités de prise de décision (en abrégé, *granularité des objets - Object Granularity* ou *OG*). Sa valeur varie de 0 à 1 (ou de 0 à 100 %). La valeur 0 signifie une prise de décision extrêmement fine, dont la portée est limitée à un individu spécifique ou à un groupe minuscule, dont le nombre représente environ 0 % de la population. Une augmentation progressive de cette valeur indique que l'objet de la décision, l'enjeu de la décision, touche une proportion progressivement croissante de la population. La valeur 1 correspond aux grandes questions universelles, telles que les politiques nationales, etc. qui affecteront tous les citoyens (100 % de la population).

- La *carte de granularité de la prise de décision politique (Political Decision-making Granularity Map - PDGM)* est une carte bidimensionnelle dont les axes verticaux et horizontaux sont respectivement les granularités du sujet et de l'objet. Elle révèle le mode de prise de décision du gouvernement (en abrégé *carte de granularité - Granularity Map* ou *GM*). La figure 9.1 est un exemple de carte de granularité montrant le modèle de décision d'un système politique fictif. La zone grisée dans cet exemple correspond au *modèle de granularité de la prise de décision politique (Political Decision-making Granularity Pattern - PDGP)* de ce système politique, et permet d'analyser le modèle et les caractéristiques de sa prise de décision (en abrégé : *modèle de granularité - Granularity Pattern ou GP*). En règle générale, plus la valeur de l'axe vertical est petite, plus les citoyens individuels ou les petits groupes seront impliqués dans la prise de décision politique. Elle indique que les activités politiques sont plus proches du peuple. Une valeur plus élevée indique que la décision politique est concentrée auprès d'un nombre plus restreint de décideurs. Dans une certaine mesure, une augmentation de cette valeur peut refléter également l'amélioration de l'efficacité de la prise de décision politique. Cependant, l'efficacité de la prise de décision n'est pas nécessairement proportionnelle à la qualité des décisions. En effet, il existe différentes perspectives et différents critères pour mesurer la qualité des décisions, et ses interprétations sont variées. Il arrive très souvent que les décideurs prennent les décisions les plus favorables pour leur propre classe et groupe, et que les autres groupes en supportent les coûts et les effets négatifs. C'est donc la perspective du juge qui détermine les conclusions. Si nous choisissons de juger la décision dans la perspective de l'utilitarisme social, nous pouvons en déduire approximativement que plus la valeur de l'axe vertical est faible (c'est-à-dire plus la décision est prise directement par le grand public) plus l'utilité sociale est susceptible d'être élevée et plus la société est conforme à l'objectif poursuivi par la micro-démocratie.

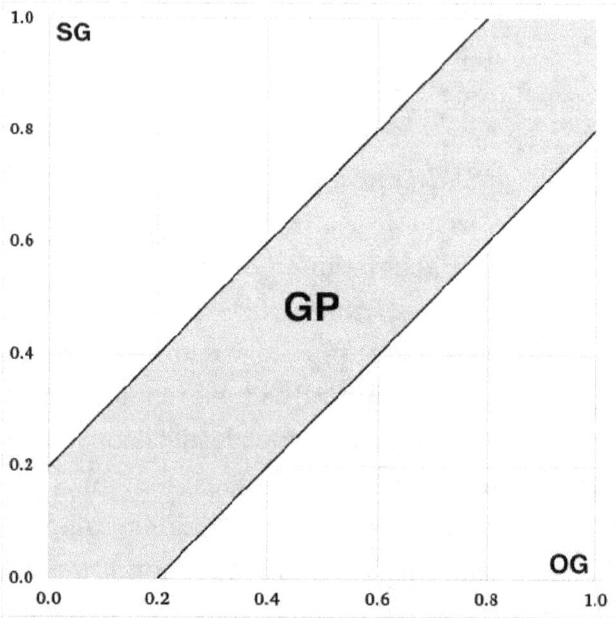

Figure 9.1 Carte de granularité : un système politique fictif.

La zone caractéristique de granularité de la prise de décision politique (*Political Decision-making Granularity Characteristic Zone - PDGCZ*) fait référence aux cinq zones situées dans la carte de granularité qui représentent différents styles et caractéristiques de prise de décision (en abrégé : zone caractéristique de granularité - *Granularity Characteristic Zone ou GCZ*). Comme le montre la figure 9.2, les cinq zones encadrées par des lignes pointillées et indiquées par des chiffres sont la zone 1 (zone dictatoriale), la zone 2 (zone concentrée), la zone 3 (zone neutre), la zone 4 (zone de collaboration) et la zone

5 (zone démocratique). Comme leur nom l'indique, les zones dans lesquelles se situe le modèle de granularité indiquent le style de prise de décision adopté par la société pour les questions de granularité de l'objet correspondant. Par exemple, comme le montre le graphique, ce système politique fictif adopte une approche décisionnelle autocratique sur les questions de décision globale (zone 1), et une approche micro-décisionnelle pour les questions décisionnelles démocratiques (zone 5). Le partage des styles de prise de décision pour les questions intermédiaires est à peu près égal. Du point de vue de la micro-démocratie, le modèle de granularité d'un système purement démocratique devrait se situer entièrement dans la zone de démocratie. Mais si l'on tient compte du facteur d'efficacité de la prise de décision, nous pouvons déterminer qu'un modèle de granularité idéal se situe dans les zones neutres et de collaboration. Une société démocratique doit cependant faire attention à ce que ses modèles de granularité ne s'étendent pas aux zones de concentration et dictatoriale. Il faut absolument éviter que certaines parties du modèle de granularité tombent entièrement dans la zone dictatoriale.

- L'indice de résilience de la granularité de la prise de décision politique (*Political Decision-making Granularity Resiliency Index - PDGRI*) montre avec quelle souplesse un système politique peut adapter son style de prise de décision (en abrégé : indice de résilience de la granularité - *Granularity Resiliency Index* ou *GRI*). Sur cette carte de granularité, il s'agit de la zone grise, allant de 0 à 1. Cette valeur mesure la marge de manœuvre dont dispose la société en termes de choix dans ses méthodes de prise de décision. Par exemple, sur la base de calculs géométriques simples, l'indice de résilience de la granularité du système politique fictif présenté dans la figure 9.1 est d'environ 0,36.

Nous pouvons supposer qu'un système politique ayant un indice de résilience de granularité faible est plus cohérent ou plus stable, et que ceux ayant une valeur plus élevée ont un plus fort potentiel au changement.

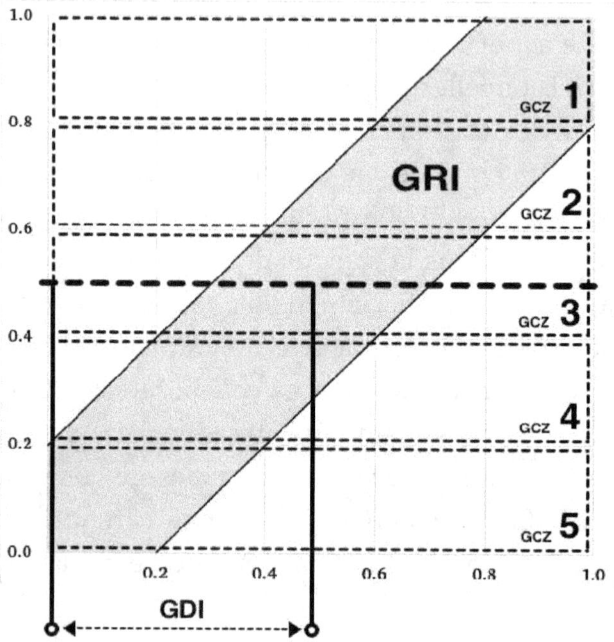

Figure 9.2 Carte de granularité : un système politique fictif, avec ses zones caractéristiques de granularité

- L'indice de granularité démocratique dans la prise de décision politique (*Political Decision-making Granularity Democracy Index - PDGDI*) indique le degré de tendance d'un système politique à choisir des méthodes de prise de décision démocratiques (en abrégé : indice de granularité démocratique - *Granularity Democracy Index* ou *GDI*). Comme le montre la figure 9.2, une ligne horizontale en pointillés divise le tableau en deux parties : la moitié supérieure (domaine autoritaire) et la moitié inférieure (domaine démocratique), avec comme bord la granularité du sujet de 0,5. Dans toute section longitudinale, si la longueur du modèle de granularité (zone grise) tombant dans le domaine démocratique est plus longue que celle du domaine autoritaire, alors la projection de cette section distribuée sur l'axe horizontal est comptée dans cet indice. Les longueurs cumulées de la projection ci-dessus sur la carte de granularité constituent l'indice de granularité démocratique du système politique. Sa valeur varie de 0 à 1. Une valeur élevée indique que les décisions ont généralement tendance à être prises démocratiquement. Par exemple, l'indice de granularité démocratique indiqué dans la figure 9.2 est de 0,50.

Les outils ci-dessus permettent d'analyser et de comparer quantitativement des systèmes politiques :

Dans les sociétés esclavagistes, toutes les décisions étaient prises par la classe des propriétaires d'esclaves, qui constituait une petite minorité de la population. La majorité de la population, les esclaves, n'avait pas son mot à dire dans les décisions, même pour celles qui les touchaient personnellement. Par conséquent, comme le montre la figure 9.3, le modèle de granularité de la société esclavagiste se situe entièrement dans la zone dictatoriale. Son indice de résilience de la granularité est minime (pas plus de 0,05) ; le système est donc très stable. Son indice de granularité démocratique est de 0, ce qui indique qu'il n'y a aucune possibilité pour le gros de la population (esclaves et serfs) de jouir de quelconque système démocratique.

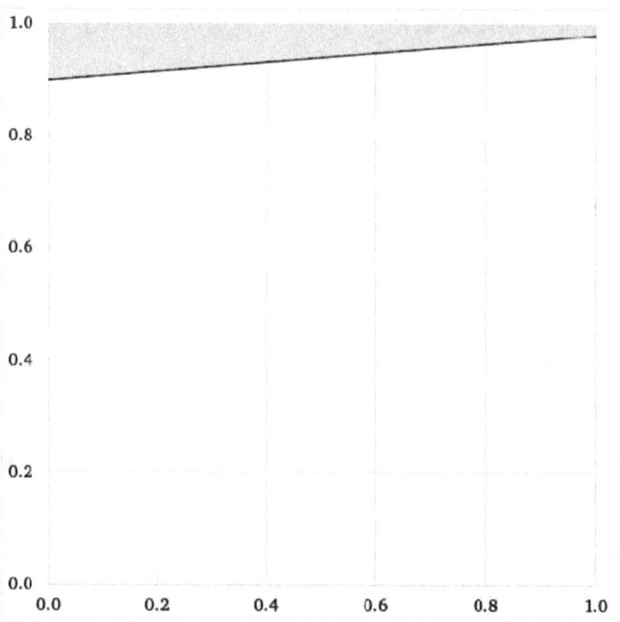

Figure 9.3 Carte de granularité : esclavage

Les sociétés représentées sur cette carte de granularité comprennent les sociétés esclavagistes ancestrales telles que l'Égypte, ainsi que de nombreuses nations modernes dirigées par des seigneurs, des nobles et des serfs-propriétaires. Bien que leurs structures politiques respectives présentent de nombreuses différences significatives de forme et d'étiquette comparées aux sociétés esclavagistes typiques, et qu'elles soient donc souvent classées soit comme féodales, soit comme serviles, il n'y a pas de différence fondamentale entre elles du point de vue de l'analyse de la granularité de leurs modes de prise de décision.

L'anarchisme s'oppose au pouvoir gouvernemental lui-même. Il prône la micro-autonomie et l'assistance mutuelle entre les individus afin de résoudre les problématiques privées et publiques. Cela a pour effet d'affaiblir la capacité des individus à collaborer au développement d'activités à plus grande échelle, rendant l'élaboration de politiques s'appliquant à de vastes régions presque impossibles. Comme le montre la figure 9.4, à l'échelle des pays modernes, l'anarchisme ne peut couvrir que partiellement la gamme inférieure de la granularité des objets. Son indice de résilience de la granularité est pratiquement nul (environ 0,02) et, par conséquent, extrêmement stable dans sa plage d'application. Son indice de granularité démocratique (environ 0,40) couvre intégralement la portée limitée de sa granularité des objets. Ce type de démocratie n'incarne cependant que le pouvoir de décision des citoyens sur leurs affaires personnelles et non sur les politiques publiques.

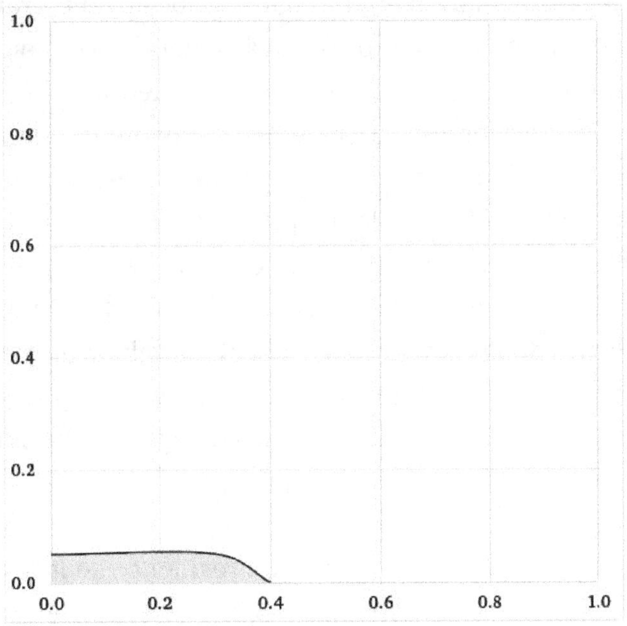

Figure 9.4 Carte de granularité : anarchie

L'autocratie, du point de vue de la prise de décision politique, couvre une variété de systèmes politiques, y compris la plus grande partie du système féodal, la monarchie traditionnelle, le système d'État fasciste et les systèmes de centralisation désignés par divers autres noms. Sa caractéristique principale est l'organisation hiérarchique du pouvoir, où la prise de décision et l'action sont basées sur l'obéissance inconditionnelle et l'exécution des volontés du pouvoir supérieur, plutôt que sur des rôles fonctionnels. Par conséquent, les décideurs aux échelons supérieurs disposent d'une autorité absolue pour écraser les décisions prises par les échelons inférieurs. L'autorité supérieure (généralement le dictateur seul, ou éventuellement un nombre minimal de nobles, de lords ou de membres de commissions) a alors un pouvoir de décision ultime et définitif sur toutes les affaires publiques. Comparé à l'esclavage, le modèle de granularité de l'autocratie s'étend à la plage inférieure de granularité des objets. En effet, dans une société autocratique, un plus grand nombre de membres de la société a accès aux classes supérieures et participe à la prise de décision à l'échelon inférieur. Des systèmes de prise de décision bureaucratiques compliqués et obèses sont en place, ce qui permet aux dirigeants supérieurs de déléguer leur pouvoir de décision à des fonctionnaires d'échelon inférieur. Comme le montre la figure 9.5, le modèle de granularité de l'autocratie couvre toute la plage de granularité de l'objet au sommet, où la valeur de granularité de l'objet est 1, représentant le seul dictateur. La granularité de l'objet étant en baisse, la courbe montre que les décideurs des échelons inférieurs ont été autorisés à prendre des décisions sur des questions plus « micro », à mesure que la structure bureaucratique s'effondre. L'indice de résilience de la granularité de l'autocratie est d'environ 0,20, et l'espace de contraction de l'élasticité se situe vers le bord, c'est-à-dire que le dictateur se charge personnellement des décisions plus macro. Son indice de granularité démocratique est de 0.

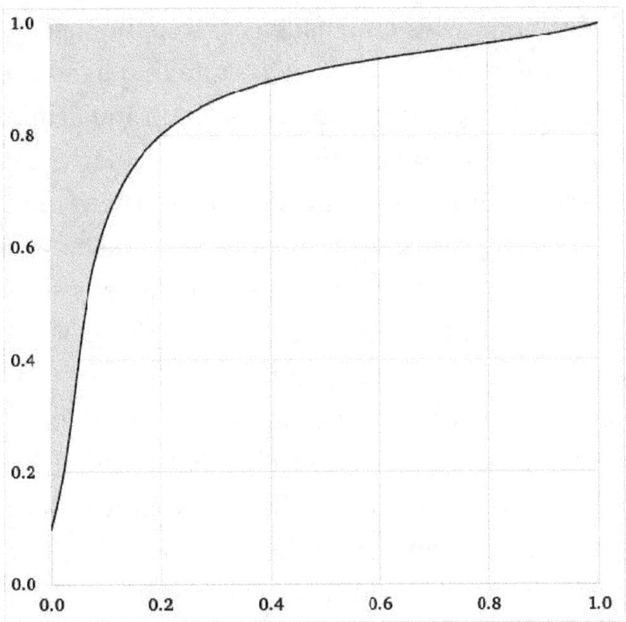

Figure 9.5 Carte de granularité : autocratie

La carte de granularité de la démocratie représentative est assez compliquée en raison de ses deux caractéristiques uniques. Premièrement, la démocratie représentative a généralement une hiérarchie des pouvoirs et des contrôles et équilibres séparés, de sorte que les plus hauts dirigeants du pays n'ont pas le pouvoir de prendre des décisions sur toutes les questions publiques comme le font les dictateurs des régimes autocratiques. Comme le montre la carte de granularité, au bord supérieur, le modèle de granularité ne couvre que la partie droite, au lieu de toute la frontière supérieure, ce qui indique que les plus hauts dirigeants du pays sont plutôt enclins à prendre en charge les décisions au niveau macro. Ce sont donc les organes décisionnels et les agences administratives des échelons inférieurs qui décident des affaires publiques au niveau micro. Le référendum est une autre de ces caractéristiques, et permet à tous les citoyens de déterminer (bien que très rarement) l'issue d'affaires publiques d'ordre général, dans des circonstances exceptionnelles. Comme le montre la carte de granularité, il y a une fine bande verticale à l'extrême droite de celle-ci où la valeur de granularité de l'objet est de 1. Dans la figure 9.6, le modèle de granularité est entouré de deux lignes continues, appelées la *frontière de l'opinion publique* et la *frontière institutionnelle* de gauche à droite. La frontière de l'opinion publique est principalement soutenue par le pouvoir de l'opinion publique, qui empêche le régime de dériver vers la gauche et de devenir une autocratie. La frontière institutionnelle est un produit de la structure inhérente au système représentatif, qui empêche le peuple de prendre directement des décisions sur les affaires publiques. Vous pouvez de plus observer une ligne pointillée entre les deux, qui indique la limite jusqu'à laquelle la frontière de l'opinion publique peut être repoussée vers la droite. Cela reflète en fait la réalité politique du monde d'aujourd'hui : de nombreux régimes se proclament républiques démocratiques, mais leurs systèmes varient énormément en ce qui concerne la limitation du pouvoir des dirigeants de l'État et des institutions représentatives, ainsi que leur degré de contrôle et d'équilibre. L'indice de résilience de la granularité des pays démocratiques représentatifs se situe approximativement entre 0,14 et 0,22. Leur indice de granularité démocratique est d'environ 0,15.

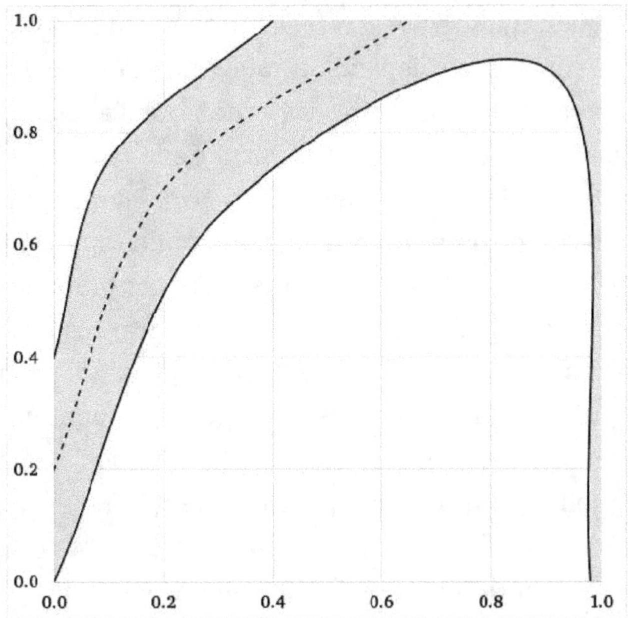

Figure 9.6 Carte de granularité : démocratie représentative

En comparant les cartes de granularité de l'autocratie et de la démocratie représentative, une distinction se dégage : le modèle de granularité de l'autocratie, mais pas celui de la démocratie représentative, couvre le coin supérieur gauche du graphique. Cela indique que la frontière de l'opinion publique de la démocratie représentative empêche les décideurs de haut rang d'interférer dans les décisions relatives aux micro affaires publiques. Ce phénomène révèle que lorsque le chef de l'État et les dirigeants de haut rang ne peuvent pas s'ingérer directement dans la vie des citoyens et les affaires communautaires, les décideurs d'échelon intermédiaire ne sont pas obligés de succomber à la pression des dirigeants supérieurs tentant de les forcer à prendre certaines décisions. Cela augmente considérablement le sentiment de sécurité et de dignité du public, même si le système de prise de décision présente encore de nombreuses autres lacunes. C'est là la véritable source de la supériorité des démocraties représentatives sur l'autocratie. Il convient de remarquer, cependant, que le modèle de granularité de la démocratie représentative se situe pour l'essentiel dans la moitié supérieure (domaine autoritaire) de la carte, la moitié se situant même dans la zone des 20% supérieurs (zone dictatoriale). De ce point de vue, la démocratie représentative est effectivement une autocratie tout simplement douée pour le camouflage. Cependant, dans la carte de granularité, il n'y a aucune véritable force impassible qui empêche la frontière de l'opinion publique d'être poussée vers le coin supérieur gauche jusqu'à ce qu'elle disparaisse ; de même, la frontière institutionnelle continuera probablement à dériver vers l'extrémité supérieure. La combinaison de quelques changements politiques spécifiques subtils combinés (tels que l'extension de l'autorité des hauts dirigeants, le transfert du pouvoir de décision de l'échelon de base vers l'échelon supérieur de la structure politique, la délégation du pouvoir de décision des représentants à la bureaucratie administrative et l'absence prolongée de tout référendum significatif, etc.) peut tranquillement transformer une démocratie représentative en un régime autocratique de fait.

La démocratie esclavagiste est peut-être un nom quelque peu contradictoire, mais ces deux systèmes politiques apparemment opposés sont souvent combinés pour fonctionner dans le même cadre. Typiquement, ils présentent une société divisée en deux grandes classes : la classe dirigeante et la masse gouvernée. La classe dirigeante peut avoir adopté un certain degré de démocratie dans l'élaboration de ses politiques, tandis que la masse gouvernée n'a en aucun cas son mot à dire dans les décisions relatives aux affaires publiques. La république grecque ancestrale était un exemple classique d'une démocratie esclavagiste[1], mais de telles institutions pouvaient également émerger sous d'autres formes. Par exemple, dans un système aristocratique ou de caste, la classe dirigeante de la noblesse ou de la haute caste peut choisir d'adopter un certain degré de démocratie pour l'aider dans sa prise de décisions, tandis que la masse gouvernée n'a pas son mot à dire. Les débuts de l'Amérique en sont un autre exemple[2] ; alors que les blancs de la classe dirigeante pratiquaient la démocratie représentative, les gens de couleur étaient soit esclaves, soit semi-esclaves.

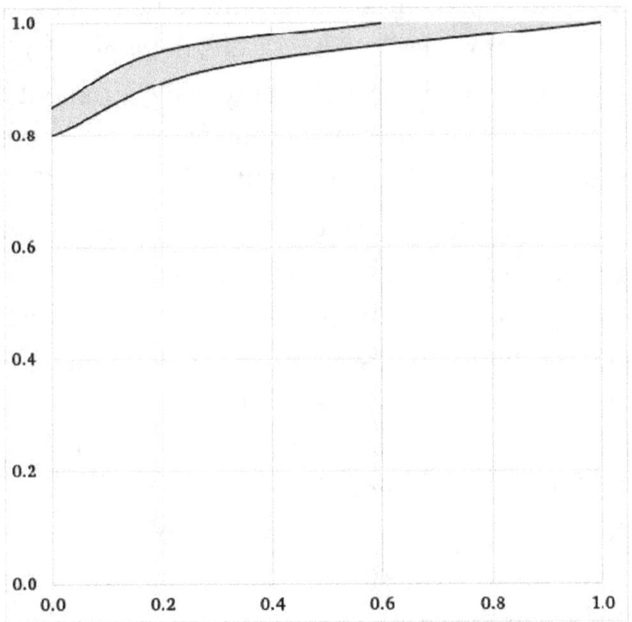

Figure 9.7 Carte de granularité : démocratie esclavagiste

Certains pays modernes oligopolistiques ou élitistes entrent également dans cette catégorie. Au sein de la classe dirigeante composée de soi-disant élites sociales et de groupes privilégiés, certaines décisions sont effectivement prises démocratiquement, mais la population ne faisant pas partie de cette classe dirigeante n'a pas son mot à dire sur les affaires publiques. Comparés aux autres démocraties esclavagistes antérieures, ces pays ne divisent pas forcément les classes dirigeantes et gouvernées selon leurs identités naturelles, mais les catégorisent plutôt selon d'autres conditions, telles que le milieu familial, le statut politique ou social, l'état financier, etc. Ainsi, certaines personnes de la classe inférieure peuvent entrer dans la classe dirigeante par le mariage, la confiance politique, l'échange de pouvoir et d'argent, ou l'obtention de résultats scolaires. Ces canaux permettent un certain degré de mobilité entre les deux classes. Pour masquer cette réalité inélégante, bien de ces régimes ont mis en place des activités dites démocratiques qui ne sont douées ni de substance ni d'influence sur les affaires réellement importantes. Néanmoins, la carte de la granularité révèle clairement la nature de la dualité de ces sociétés et le fait qu'une élite pratique un esclavage dit « paternaliste » à l'encontre de la majorité.

Comme le montre la figure 9.7, la forme granulaire de la démocratie esclavagiste est assez semblable à celle de la démocratie représentative, bien que sa position sur la carte ait été comprimée pour correspondre à la zone dictatoriale du sommet. Elle illustre sa nature unique : une combinaison de démocratie représentative dont jouit la minorité et de tyrannie absolue que subit la majorité. L'indice de résilience de la granularité de ce modèle est d'environ 0,05. Son indice de granularité démocratique est de 0 (mis à part les dirigeants, en tout cas en ce qui concerne la société dans son ensemble, cette valeur est tout à fait exacte).

Dans une micro-démocratie, la répartition du pouvoir de décision est absolue, et sa concentration est relative. Qu'ils aient ou non une délégation de vote, les citoyens ont toujours le droit de voter directement et de sauter toutes les règles de délégation. Cela montre que le peuple jouit d'un contrôle total sur toutes les décisions relatives aux affaires publiques. Du point de vue des citoyens individuellement, l'acte et le pouvoir du vote direct est un droit et une norme élémentaire. En pratique, les citoyens ont plutôt tendance à faire le choix de déléguer leur vote afin de faire confiance à la sagesse d'un tiers dans les décisions de relativement faible importance à prendre au quotidien. Par conséquent, le modèle de granularité couvre tout le bas de la carte de granularité, et progresse vers le haut ; plus il est élevé, plus la proportion de citoyens qui choisissent de déléguer est importante, ou plus la concentration d'objets est élevée. Dans la zone située à gauche des valeurs inférieures de granularité des objets, le modèle de granularité a une limite ascendante et ne peut pas atteindre le sommet. En effet, selon le principe de proximité de la micro-démocratie, seuls les résidents locaux peuvent décider des problématiques régionales, les autres citoyens n'ayant pas le droit d'intervenir. Même si tous les citoyens ayant un pouvoir sur les problématiques régionales délèguent leur vote à un dirigeant spécifique, celui-ci n'est donc encore que partiellement représentatif de l'ensemble de la population. La courbe de la limite supérieure du modèle de granularité est appelée « *frontière de la micro-démocratie* ». Il est évident qu'avec l'augmentation de la granularité de l'objet, cette frontière progresse vers le haut jusqu'à atteindre le coin supérieur droit du graphique. Elle reflète la situation extrême dans laquelle tous les citoyens délèguent de manière autonome à un seul dirigeant leur pouvoir sur les affaires nationales, un scénario bien sûr théorique. En réalité, la possibilité que tous les citoyens du pays délèguent leur vote à un seul et même dirigeant est quasi inexistante.

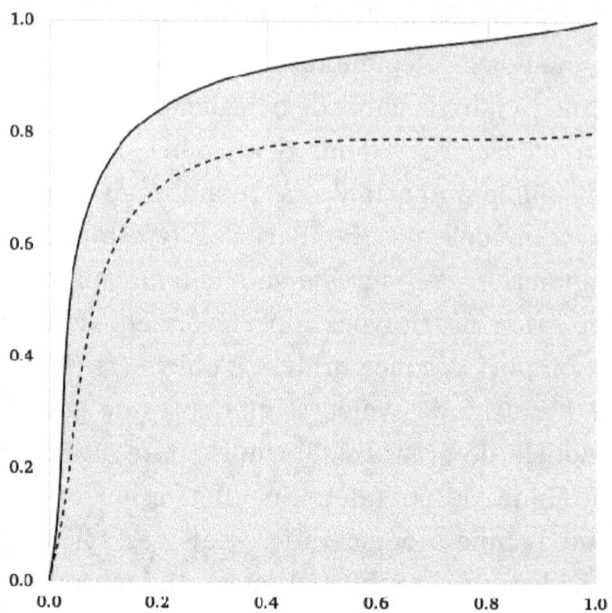

Figure 9.8 Carte de granularité : micro-démocratie

Comme le montre la figure 9.8, la carte de la granularité, l'indice de résilience de la micro-démocratie peut atteindre plus de 0,85, tandis que son indice de granularité démocratique peut atteindre 1,0.

D'après l'analyse ci-dessus, les limites supérieure et inférieure du modèle de granularité de la micro-démocratie représentent des conditions extrêmes. Dans la plupart des situations quotidiennes, une société micro-démocratique fonctionne dans la moyenne, atteignant rarement la zone dictatoriale vers la limite supérieure. En outre, certaines règles institutionnelles obligatoires peuvent contribuer à garantir une dispersion adéquate du pouvoir parmi les décideurs, empêchant ainsi le modèle de granularité de tomber dans la zone dictatoriale. Par exemple, la micro-démocratie peut imposer la proportion et le nombre minimum de citoyens individuels devant être des agents d'opinion publique ; dans ce cas, il est statistiquement impossible que toutes les délégations désignent la même personne, qu'elle soit un citoyen indépendant ou un dirigeant d'organisation politique. Comme le montre la carte de granularité, les règles institutionnelles ci-dessus permettent de repousser la frontière de la micro-démocratie jusqu'à ce qu'elle se situe en dehors de la zone dictatoriale, comme le montre la ligne en pointillé dans la figure 9.8.

Les cartes de granularité nous permettent de constater que les modèles de granularité de l'autocratie et de la micro-démocratie sont presque entièrement inversés. Les principes décisionnels de la micro-démocratie rendent impossible sa transformation en système autocratique par sa révision et son altération, tout comme son incorporation dans un tel système. En outre, les modèles de granularité de la micro-démocratie et de la démocratie représentative ne se chevauchent que dans la zone des prises de décision du bas de l'échelle. Cela signifie que la première apporte à la population bien plus de droits civils et de choix sociaux que la seconde.

L'analyse de granularité effectuée ci-dessus révèle les modèles de prise de décision, la résilience du système et les degrés de démocratie pour différents systèmes politiques. Elle permet d'identifier plus précisément les différents types et caractéristiques de la prise de décision politique dans des pays et des régimes spécifiques, et met en lumière une classification qualitative objective. Après tout, rien n'est plus trompeur et mensonger que de dissimuler la véritable nature d'un système politique dans le titre d'un pays et le nom de ses institutions.

Le modèle décisionnel n'est toutefois pas le seul facteur qui permet de mesurer le niveau de démocratie d'un système. Quel que soit le degré de démocratie de la méthode de prise de décision, si la décision est prise sur la base d'une désinformation, alors son résultat ne fera que profiter au manipulateur d'information plutôt que de contribuer à l'utilité sociale. Un tel pays n'est qu'un zombie démocratique. George Washington a dit un jour « *Une population non informée est une population en esclavage.* » Cette affirmation a une signification particulière pour les citoyens de ces régimes démocratiques autoproclamés. Lorsque l'on empêche les citoyens de « pays démocratiques » de connaître la vérité à cause de soi-disant « secrets d'État », lorsqu'ils considèrent les « médias traditionnels » comme une source d'information faisant autorité, lorsqu'ils sont contraints de tolérer la « protection de la bonne volonté » des auditeurs de contenu et le « contenu personnalisé » par l'intelligence artificielle sur les médias sociaux, alors ces personnes deviennent effectivement une « population non informée ». Ces messages trompeurs habilement présentés constituent en fait une « main invisible » qui transforme les citoyens en marionnettes de vote prenant des décisions « sincères » qui sont en fait contraires à leurs propres intérêts. Dans un sens, ces personnes sont encore plus pathétiques que de simples esclaves qui peuvent au moins jeter un regard indifférent, voire furieux, sur leurs propriétaires, alors que les esclaves d'une société démocratique, eux, défendent leur propre cage en pensant y gagner.

Par conséquent, un *indice d'information sur la prise de décision publique (Public Decision-making Information Index - PDII)* est également nécessaire à l'évaluation d'une démocratie. Il mesure le degré de précision et d'exhaustivité des informations sur lesquelles repose la prise de décision publique.

Indice d'information sur la prise de décision publique =
Indice d'accessibilité de l'information relative à la prise de décision sur les affaires publiques × Indice de crédibilité de l'information

PDII = PADIAI • ICI

Ou, **PDII** = p4i • ICI

L'indice d'accessibilité de l'information relative à la prise de décision sur les affaires publiques (Public Affair Decision-making Information Accessibility Index - PADIAI ou abrégé p4i) mentionné dans la formule fait référence à l'exhaustivité des informations auxquelles le public peut accéder pour l'aider à prendre des décisions en matière d'affaires publiques. Parmi celles-ci, l'*information relative à la prise de décision en matière d'affaires publiques (Public Affair Decision-making Information - PADI)* fait référence aux informations potentiellement influentes et utiles pour les décisions en matière d'affaires publiques. Dans le contexte d'un pays, toutes les informations constituent en fait des informations influant les décisions en matière d'affaires publiques, à l'exception des informations privées des citoyens et des secrets commerciaux des entreprises privées. L'*indice de crédibilité de l'information (Information Credibility Index - ICI)* dans la formule fait référence à l'authenticité de l'information acceptée par le public dans le cadre de la prise de décision.

La formule ci-dessus semble simple et intuitive, mais elle est difficile à quantifier. Les moyens de quantifier toutes les informations relatives à la prise de décision en matière d'affaires publiques dans un pays, de quantifier les parties directement ou indirectement accessibles au public et de mesurer la crédibilité de toutes ces informations seront très controversés. Pour la rendre pratique et possible, il est nécessaire de la simplifier tout en conservant une fourchette numérique qualitative à peu près exacte.

Parmi eux, l'indice d'accessibilité de l'information relative à la prise de décision sur les affaires publiques peut être défini approximativement avec la formule suivante :

Indice d'accessibilité de l'information relative à la prise de décision sur les affaires publiques =

Proportion d'informations relatives à la prise de décision en matière d'affaires publiques que les citoyens peuvent obtenir de manière anonyme × Mesure dans laquelle ces informations peuvent être utilisées en temps utile

Il convient de décomposer les *informations relatives à la prise de décision en matière d'affaires publiques* en deux sources principales : gouvernementale et sociale. Il convient ensuite de décomposer le premier paramètre en deux canaux : la diffusion active et la divulgation passive. En outre, l'utilisation opportune de l'information est principalement attribuée à son efficacité de diffusion. La formule peut encore être simplifiée :

Indice d'accessibilité de l'information relative à la prise de décision sur les affaires publiques =

(Taux de publication effective des informations traitées par le gouvernement × W1 + Taux d'accès effectif des informations gouvernementales brutes × W2 + Taux de publication effective des informations sociales × W3)

× Indice d'efficacité de la diffusion de l'information publique

PADIAI = (GPIEPR • W1 + GRIEAR • W2 + SIEPR • W3) • PIDEI
Ou, **p4i** = (gp • W1 + gr • W2 + si • W3) • de

Dans la formule ci-dessus, le *taux de publication effective des informations traitées par le gouvernement (Government Processed Information Effective Publish Ratio - GPIEPR, ou gp en* abrégé) fait référence au degré de publication active des informations par le gouvernement. Le *taux d'accès effectif aux informations brutes du gouvernement* (*Government Raw Information Effective Access Ratio - GRIEAR,* ou *gr en abrégé*) fait référence à la mesure dans laquelle le public a accès obtenir aux données originales des opérations internes du gouvernement. Le *taux de publication effective des informations sociales* (*Social Information Effective Publish Ratio - SIEPR,* ou *si* en abrégé) fait référence à la mesure dans laquelle le public a accès aux informations publiées par les citoyens ordinaires. Les trois indices ci-dessus mettent l'accent sur l'« efficacité ». D'une part, cela signifie que l'information doit être directement ou indirectement accessible au public de façon anonyme ; d'autre part, cela fait référence à son actualité, à savoir que le public doit connaître l'information à temps pour pouvoir prendre des décisions éclairées. Les trois indices ci-dessus sont également multipliés par leurs facteurs de pondération respectifs W_1, W_2 et W_3 afin d'optimiser la précision de la formule. L'*indice d'efficacité de la diffusion de l'information publique* (*Public Information Dissemination Efficiency Index - PIDEI,* ou *de* en abrégé) fait référence à l'efficacité avec laquelle l'information est distribuée dans le domaine public, en particulier la mesure dans laquelle le public a accès aux informations publiées, et s'ils y ont accès à temps, avant de prendre des décisions.

Là encore, ces indices ne sont pas quantifiés ; leurs mesures sont complexes et controversées. Mesurer les informations gouvernementales, par exemple, s'avère particulièrement difficile. La diffusion des données internes au gouvernement et le traitement de ces informations sont généralement très opaques pour le monde extérieur. En raison de la complexité de la bureaucratie gouvernementale et de l'existence de gouvernements fantômes, la quantité d'informations classées comme confidentielles est non seulement inconnue du public, mais aussi mystérieuse même pour les fonctionnaires du gouvernement. Certaines informations sensibles peuvent ne jamais être officiellement enregistrées et peuvent être détruites ou cachées. Par conséquent, la quantité totale d'informations gouvernementales est difficile à quantifier, et la proportion de ces informations qui sont accessibles au public est donc impossible à calculer. Dans ce cas, cette quantification ne peut donc être simplifiée que par approximation. Il convient de noter qu'il ne s'agit ici pas du seul schéma de quantification approximative possible ou du schéma optimal ; il est tout à fait possible de le remplacer par d'autres options plus raisonnables.

Dans ce système de quantification approximative, tous les employés réguliers du gouvernement sont regroupés par ministère et se voient attribuer une part correspondante calculée en fonction des effectifs. Par exemple, si une administration publique compte 20 ministères et que le ministère du Commerce embauche 3 % de l'ensemble des employés de l'administration publique, la part globale du ministère du Commerce dans le calcul de l'indice d'information est de 3 %. Les pourcentages des 20 ministères totaliseront 100 %.

Lors du calcul du *taux de publication effective des informations traitées par le gouvernement,* la part totale d'informations de tous les ministères qui répondent aux critères de publication effective forme le *gp* du gouvernement dans son ensemble. Par exemple, si les critères de diffusion effective sont définis comme suit : 1) le ministère publie des données critiques complètes, 2) des rapports d'incidents à la société à une fréquence d'au moins une fois toutes les deux semaines, et 3) les données publiées peuvent être obtenues instantanément et anonymement par le public, alors la somme des parts calculées de tous les ministères qui répondent aux critères forme le *gp* de ce gouvernement à ce moment donné. Par exemple, si seuls les ministères de l'Agriculture, du Commerce et de l'Éducation atteignaient la norme, et si leurs employés représentaient respectivement 2,5 %,

3,0 % et 17,2 % de tous les effectifs du gouvernement, le *gp* du gouvernement à ce moment-là était de 22,7 %.

De même, les critères de détermination des *gr* peuvent être définis comme suit : 1) toutes les données et tous les documents internes du service sont entièrement accessibles au public, et 2) le public peut y accéder intégralement de manière numérique et instantanée ou consulter les copies papier qui ont deux semaines de plus. La somme des parts de tous les ministères gouvernementaux qui répondent aux critères forme alors le *gr* de ce gouvernement à ce moment-là. Il est évident que les informations gouvernementales impliquées dans les *gr* sont un sur-ensemble de celles des *gp*. La raison pour laquelle ce chevauchement est autorisé dans ce système de quantification est que, bien que le *gr* soit plus intègre et précis, ses critères de qualification dépassent le niveau réaliste que tout gouvernement actuel puisse atteindre. Dans le cas où l'indice *gr* est presque toujours égal à 0, l'introduction d'une norme inférieure de *gp* permet de distinguer le niveau de divulgation d'informations pour les gouvernements actuels. En ajustant le taux de *W1* et *W2*, à l'avenir, lorsque la micro-démocratie et d'autres formes de gouvernement auront un *gr* non nul, son poids pourra être augmenté pour se rapprocher de l'intention initiale du calcul de *p4i*.

Dans ce schéma de quantification approximative, le *taux de publication effective des informations sociales* est défini de telle sorte que 1) le public peut librement publier des informations sur les plateformes de médias sociaux, 2) les informations peuvent être librement et anonymement accessibles par les gens sur la plateforme, et 3) les informations sont conservées suffisamment longtemps pour qu'elles puissent être entièrement récupérées et diffusées. À en juger par cette définition, la divulgation adéquate des informations sociales ne peut se faire qu'à l'ère des réseaux.

Avant cela, elle n'était pas techniquement faisable. Voici à quoi ressemble sa formule de calcul :

Taux de publication effective des informations sociales =
Taux de publication libre de l'information par les citoyens ×
Taux de réception libre de l'information par les ×
Taux de survie de l'information fiable

$$SIEPR = IFPCR \bullet IFRCR \bullet IRSR$$
Ou, **si** $= ipr \bullet irr \bullet isr$

Le *taux de publication libre de l'information par les citoyens* (*Information Free Publisher Citizen Ratio - IFPCR*, ou *ipr* en abrégé) désigne la proportion de la population totale qui peut publier librement des informations sur des plateformes d'information publiques. Le *taux de réception libre de l'information par les citoyens* (*Information Free Citizens Citizen Ratio Receiver Citizen Ratio - IFRCR*, ou *irr* en abrégé) fait référence à la proportion de la population totale qui peut obtenir anonymement des informations auprès des plateformes d'information publiques. Le premier ne se limite pas à la publication anonyme ou par nom réel, puisque la publication par nom réel permet d'évaluer la crédibilité de l'information. Le second met l'accent sur l'anonymat, car il facilite l'accès à l'information. Le *taux de survie de l'information fiable* (*Information Reliable Survival Ratio - IRSR*, ou *isr* en abrégé) désigne la proportion d'informations accessibles qui survivent suffisamment longtemps (par exemple 30 jours) sur la plateforme d'information publique sans avoir été altérées, cachées et supprimées. Il se peut que ces données statistiques ne soient pas fournies activement par les plateformes d'information publique, en particulier lorsque l'information est sévèrement bloquée ou altérée, mais certaines technologies, comme les *crawlers* web ou le *sniffing* de réseau, peuvent observer les données de l'extérieur et en prendre connaissance indirectement. En outre, la valeur du *taux de publication effective des informations sociales* est dynamique. La plupart du temps, le gouvernement ne peut pas ou peu interférer avec la publication d'informations. Mais en cas d'urgence, il peut décider d'interférer fortement, voire de bloquer complètement la diffusion de l'information. Ainsi, la valeur minimale mesurée sur une longue période révèle plus précisément le degré de contrôle d'un régime sur l'information sociale.

Les méthodes de diffusion de l'information publique se répartissent grosso modo en deux catégories : centralisée et distribuée. La première consiste à diffuser des informations au public par le biais d'un canal de publication central, tels que les médias d'information et les annonces officielles du gouvernement. La seconde est la diffusion d'informations par le public par le biais d'une transmission libre. Chaque méthode a ses avantages et ses inconvénients : la méthode centralisée a une efficacité de diffusion extrêmement élevée et peut transmettre l'information à l'ensemble de la société presque en temps réel, mais son contenu est extrêmement limité et le canal de publication est soumis à un filtrage sélectif, à des interprétations trompeuses, etc. La vitesse de diffusion de la méthode distribuée est relativement lente, mais la couverture est la plus large. Son inconvénient est que son contenu est susceptible d'être altéré et falsifié pendant la transmission, réduisant davantage la qualité de l'information. L'efficacité de la diffusion de l'information publique doit donc être mesurée différemment pour ces deux méthodes de diffusion.

Dans ce schéma de quantification approximative, l'*indice d'efficacité de la diffusion de l'information publique* est défini par la formule suivante :

Indice d'efficacité de la diffusion de l'information publique =
(Couverture publique des canaux de transfert centralisés ×
Taux de dispersion des canaux de transfert centralisés × deW1) +
(Couverture publique des canaux de transfert distribués ×
Traçabilité des informations sur les canaux de transfert distribués ×
deW2)

$$\text{PIDEI} = \text{CTCPC} \cdot \text{CTCDR} \cdot \text{deW1} + \text{DTCPC} \cdot \text{DTCIT} \cdot \text{deW2}$$
Ou, **de** = c3c • c3r • deW1 + d3c • d3t • deW2

Dans la formule ci-dessus, le *canal de transfert centralisé (Centralized Transfer Channel - CTC)* est défini comme tout canal pouvant effectivement transmettre des informations directement à plus de 1 % de la population. L'accent est mis sur la diffusion effective plutôt que sur la capacité de diffusion. Par exemple, la couverture du signal d'une chaîne de télévision peut être de 10 % de la population totale. Cependant, à moins que son audience réelle n'atteigne 1 % de la population, elle n'est pas comptabilisée. La *couverture publique des canaux de transfert centralisés (Centralized Transfer Channel Public Coverage - CTCPC, ou c3c en abrégé)* désigne la proportion du public couverte par les canaux de transfert centralisés qui répondent aux critères ci-dessus. Sa valeur est comprise entre 0 et 1. Plus la valeur est élevée, plus la couverture est grande. La *couverture publique des canaux de transfert distribués (Distributed Transfer Channel Public Coverage - DTCPC, ou d3c en abrégé)* fait référence à la proportion de la population totale pouvant accéder librement à la plateforme d'information. Sa valeur varie de 0 à 1. Plus la valeur est élevée, plus le taux d'accès de la population à la plateforme est élevé.

Le taux de dispersion des canaux de transfert centralisés (*Centralized Transfer Channel Dispersion Ratio - CTCDR*, ou *c3r* en abrégé) est calculé selon la formule suivante :

Taux de dispersion des canaux de transfert centralisés =
Nombre de contrôleurs indépendants du canal de transfert centralisé ÷ Nombre de canaux de transfert centralisés

$$\text{CTCDR} = \frac{NCTCIC}{NCTC} \quad \text{Ou, c3r} = \frac{n4c}{n2c}$$

Parmi eux, les *contrôleurs indépendants des canaux de transmission centralisés (Centralized Transmission Channel Independent Controllers - NCTCIC*, ou *n4c* en abrégé) désignent les entités qui contrôlent le fonctionnement et le contenu des canaux de transmission centralisés par le biais d'une holding financière ou d'une juridiction administrative. Par exemple, un même consortium qui contrôle plusieurs organismes de presse ou, dans ce cas, un même gouvernement qui dirige plusieurs organismes de presse appartenant à l'État. Le *nombre de canaux de transfert centralisés (Number of Centralized Transfer Channels - NCTC*, ou *n2c en* abrégé) fait référence au nombre total de ces canaux. Selon cette formule, la valeur du *taux de dispersion des canaux de transfert centralisés* varie de 0 à 1. Plus la valeur est élevée, plus le degré de dispersion est élevé.

La *traçabilité des informations sur les canaux de transmission distribués (Distributed Transmission Channel Information Traceability - DTCIT*, ou *d3t* en abrégé) fait référence à la proportion d'informations pouvant être retracées jusqu'à l'éditeur d'origine dans les canaux de transmission distribués. Cette traçabilité est directement liée à la capacité de la plateforme d'information à détecter et à corriger les altérations et les falsifications d'information, et il existe de nombreux moyens techniques pour y parvenir.

En outre, *deW1* et *deW2* dans les formules ci-dessus sont des facteurs d'ajustement de poids des méthodes centralisée et distribuée, utilisés pour optimiser la formule.

La possibilité d'échanger et de diffuser des informations librement aurait dû améliorer sensiblement la qualité de la prise de décision publique. Cependant, si cette information est mélangée à beaucoup de désinformation, rendant impossible pour le public de distinguer le vrai du faux, alors les avantages d'une plus grande diffusion de l'information sont complètement annulés, et parfois même plus dangereux que l'absence d'information. La technologie moderne peut rendre la falsification d'informations plus simple et permettre ainsi de répandre des rumeurs plus rapidement. Une fois les canaux de diffusion de l'information malicieusement manipulés, un *indice d'accessibilité de l'information relative à la prise de décision sur les affaires publiques* (*Public Affair Decision-making Information Accessibility Index - PADIAI*) élevé peut en fait indiquer une perturbation plus sévère de l'information. Il est donc nécessaire d'introduire l'indice de *crédibilité de l'information* (*Information Credibility Index - ICI*) dans la formule de l'*indice d'information sur la prise de décision publique* (*Public Decision-making Information Index - PDII*) afin d'ajuster ce biais éventuel.

La compréhension des choses est un processus, et la vérité se révèle souvent à force de compréhension partielle de quelque chose jusqu'à une compréhension plus complète. Tout au long de ce processus, de nombreux « faits » et « vérités » que l'on croyait durs comme fer autrefois se révèlent en fait incomplets, voire erronés. Ce type d'« erreurs sincères » s'est produit tout au long de l'histoire et a naturellement provoqué diverses controverses. Si les gens peuvent comprendre et accepter ces erreurs raisonnables dans leur processus d'apprentissage avec tolérance et rationalité, ils pourront approcher la vérité de manière beaucoup plus douce. Par conséquent, l'introduction de l'*indice de crédibilité de l'information* ne vise pas à juger du bien ou du mal, mais à identifier les altérations et les fabrications malveillantes d'information.

L'*indice de crédibilité de l'information* ne peut lui aussi être quantifié que de manière approximative. Le schéma proposé ici se base sur les deux hypothèses suivantes : premièrement, si un individu ou une organisation associe la crédibilité de l'information à son crédit public et à sa réputation, cela rend généralement l'information plus fiable. D'autre part, lorsque davantage d'informations peuvent être clairement associées à une réputation, les gens peuvent évaluer plus précisément la crédibilité de ces informations, et peuvent alors se tourner vers des informations de meilleure qualité pour prendre des décisions. La formule de ce schéma de quantification approximative est la suivante :

Indice de crédibilité de l'information =
Temps moyen de consommation d'informations traçables ÷
Temps total moyen de consommation de toutes les informations

$$ICI = \frac{ATCTI}{ATTCAI} \quad \text{Ou, } ICI = \frac{a3i}{a4i}$$

Dans la formule ci-dessus, le *temps moyen de consommation d'informations traçables (Average Time of Consumption of Traceable Information - ATCTI, ou a3i en abrégé)* fait référence au temps moyen passé par le public à consulter des informations traçables, et le *temps total moyen de consommation de toutes les informations (Average Total Time of Consumption of All Information - ATTCAI, ou a4i en abrégé)* fait référence au temps moyen passé par le public à consulter toutes les informations. Parmi celles-ci, l'*information traçable* fait référence à toute information pouvant être tracée de manière fiable, directement ou indirectement, jusqu'à l'éditeur d'origine. En général, il s'agit de livres dont les auteurs sont identifiables, de fichiers associés à des collectionneurs et des enregistreurs traçables, de fichiers audio et vidéo dont les producteurs se présentent sous leur vrai nom, etc. Toute information fournie de manière anonyme n'est pas admissible. La fiabilité de la traçabilité est un facteur crucial, c'est pourquoi elle mérite une attention toute particulière. D'une manière générale, les informations provenant directement d'un éditeur original sont considérées comme fiables. Les informations qui ont été transmises, même si elles sont « marquées » par les éditeurs d'origine, sont généralement considérées comme peu fiables. En effet, le contenu des données et des informations publiées par l'éditeur peut avoir été altéré pendant sa transmission, à moins que le message ne comporte un lien direct vers la source d'édition originale ou un historique complet de la chaîne de transmission (incluant toutes les données des transitaires, complétées par des moyens techniques permettant de vérifier l'authenticité des données). Selon cette formule, la fourchette de valeurs de l'*indice de crédibilité de l'information* va de 0 à 1. Plus la valeur est élevée, plus l'information est crédible. Il est évident que l'extraction des données ci-dessus nécessite un certain échantillonnage et des statistiques, mais elle est relativement facile à réaliser.

À ce stade, la modélisation de l'*indice des informations sur la prise de décision publique* (*Public Decision-making Information Index - PDII*) est terminée. Sa combinaison avec l'*analyse de granularité de la décision politique* (*Political Decision Granularity Analysis - PDGA*) offre un moyen mathématique de compréhension du mode de prise de décision et du degré de démocratie de gouvernements et de sociétés donnés. Dans la formule suivante, l'*indice de démocratie nationale* (*National Democracy Index - NDI*) révèle le degré de démocratie d'un régime donné. Plus la valeur est grande, plus le degré de démocratie est élevé.

Indice de démocratie nationale =
Indice de granularité démocratique de la prise de décision politique ×
Indice d'information sur la prise de décision publique

NDI = PDGDI • PDII

Cet indice aidera les gens à mesurer directement et objectivement le degré de démocratie de différents pays, sans être trompés par leur intitulé, leur forme de gouvernement, leurs structures institutionnelles, leurs processus d'exercice du pouvoir ou leur système juridique. En outre, la répartition et le fonctionnement du pouvoir de l'État ne sont pas toujours stables ; ils sont influencés par des forces internes au pays et des conditions extérieures changeantes. C'est pourquoi, dans l'analyse globale de l'état politique d'un pays, il est toujours souhaitable de procéder à un échantillonnage par tranches pour différentes années et périodes, et à une analyse des tendances.

L'analyse ci-dessus montre clairement que l'*indice de démocratie nationale* d'une société micro-démocratique est plus élevé que celui de tout autre système politique ayant jamais existé, et que son avancement et son authenticité démocratiques peuvent être reconnus et prouvés scientifiquement. En outre, grâce aux technologies de l'information, l'*indice de démocratie nationale* d'un pays micro-démocratique s'approchera probablement de sa valeur la plus élevée possible. Si cela devient une réalité, alors une société micro-démocratique atteindra l'état de démocratie le plus élevé que la civilisation humaine ait connu.

Conclusion

Nés après les guerres mondiales, la plupart d'entre nous n'ont pas connu les moments les plus sombres et les souffrances les plus profondes de la civilisation humaine. La prospérité de l'économie de marché et le bond technologique de ces dernières décennies nous ont apporté des conditions de vie supérieures et ont permis un optimisme sans précédent. L'époque dans laquelle nous vivons est donc censée être la meilleure que les humains aient jamais connue.

Cependant, les gens sont toujours aux prises avec une terrible et sombre force au plus profond d'eux-mêmes, n'attendant que l'appel de l'œil de Sauron pour se libérer. L'Ancien Monde abrite cette force. Si la civilisation humaine ne peut se transcender, alors nous connaîtrons à nouveau les ténèbres. Pendant que j'écrivais ce livre, le monde a une nouvelle fois fait l'expérience de changements très rapides. La civilisation humaine semble se diriger vers une crise profonde. L'atmosphère autrefois positive, optimiste, propice au développement et à l'harmonie a été engloutie par des sentiments négatifs de fragmentation, de conflit et de méfiance ; et de dangereux affrontements, voire des guerres, semblent imminents. La société humaine s'est égarée et erre, embourbée dans la confusion et l'anxiété. Cela n'est cependant pas dû à la détérioration de nos consciences, mais plutôt à leur réveil. Après la victoire du camp démocratique et du camp capitaliste à l'issue de la guerre froide, ils ont peu à peu révélé leurs défauts, ne pouvant plus les cacher en agitant la peur du communisme. Avec ses grandes capitales « mondialisées », le soi-disant Nouvel Ordre Mondial a tout raflé, révélant sa nature cupide et belligérante. Pour le pouvoir, ces élites transnationales n'hésitent pas à écraser les peuples, qui le payent parfois de leur vie. Quand la population ne voit qu'une partie de la vérité, elle remet en question le conte de fées de la mondialisation pour se tourner vers l'isolationnisme, le nationalisme et la loi de la jungle. Bien que primitifs et cruels, ceux-ci sont au moins conformes au bon sens et sont tangibles. Malheureusement, l'ordre de l'Ancien Monde n'est pas revenu pour sauver les masses, mais seulement pour que les riches seigneurs récupèrent leurs trésors perdus.

Les gens doivent apprendre à voir le pouvoir tel qu'il est : nu. Tant que la structure politique concentrera le pouvoir, il ne sera pas possible de parvenir à une véritable justice sociale et à l'égalité. Les lieux où le pouvoir se concentre seront toujours le point d'appui des lobbies, et les régimes démocratiques ne font pas exception. Plus la distribution sociale est injuste, plus le pouvoir est inégal, plus la vie des gens ordinaires est stressante et plus la classe dirigeante peut manipuler et asservir les masses. Le développement de la science et des technologies de l'information ne va pas automatiquement changer cette tendance. En réalité, l'augmentation rapide de la richesse sociale et des ressources matérielles rend les gens encore plus anxieux, et la charge de travail a augmenté plutôt que de diminuer. La société marchande crée désespérément et sans cesse de nouveaux besoins, et pour y répondre, nous devons travailler plus dur et sous une pression plus forte. La cause profonde de tout cela est le fait que la consommation et la distribution des ressources humaines et matérielles dans la société actuelle sont déterminées par l'argent et le capital, eux-mêmes dominés par un petit nombre d'élites, plutôt que par la volonté du peuple. Pour être efficace, ce mécanisme moteur repose sur la collusion du pouvoir monétaire des oligarques financiers et des élites politiques. Une fois le pouvoir de l'élite politique paralysé, voire même supprimé, par le système micro-démocratique, les oligarques financiers et la classe capitaliste devront répondre directement aux demandes de tous les citoyens et perdront alors leurs leviers de manipulation. C'est seulement à ce moment-là que leur pouvoir s'affaiblira naturellement et de manière significative. Nous pouvons même espérer avec optimisme qu'ils s'adapteront et évolueront jusqu'à devenir des alliés du peuple et qu'ils contribueront alors au bonheur et à l'utilité sociale dans son ensemble.

Si les évolutions socio-politiques et économiques mentionnées ci-dessus ont une certaine inévitabilité historique et se produiront naturellement tôt ou tard, alors nous n'aurons peut-être pas à nous précipiter pour agir. Nous pouvons à la place attendre patiemment que la micro-démocratie ou d'autres formes sociales supérieures évoluent et mûrissent. Cependant, en écrivant ce livre, j'ai pu constater à quel point les dirigeants et les intérêts de l'Ancien Monde se battaient avec acharnement, en utilisant le pouvoir de la technologie et de l'information afin d'en faire de puissants outils de domination. Une fois qu'ils auront un contrôle absolu sur la technologie et l'information, leur pouvoir sera écrasant et personne ne pourra le concurrencer. Ils rendront alors leur domination et leur esclavage encore plus cruels. Les nouvelles technologies permettent aux dictateurs de tromper, de contrôler et d'asservir leur peuple avec facilité, même sans une grande armée. C'est la véritable menace qui pèse sur nous et ce sera un moment décisif dans l'histoire de l'humanité. Les forces de l'Ancien Monde travaillent d'arrache-pied au déclenchement d'une nouvelle guerre qui alimentera leur machine à tuer du sang et de la chair de millions de personnes. Elles accélèrent également chaque seconde l'épuisement des ressources naturelles de la planète, polluent et détruisent l'environnement, troquant l'avenir de l'humanité contre des profits immédiats. Par conséquent, priver les forces de l'Ancien Monde de leur pouvoir et les dissoudre à jamais est non seulement nécessaire mais aussi plus qu'urgent. C'est une bataille contre la montre entre les peuples et l'élite mondialisée.

Comme l'a dit un jour Ronald Reagan, « La liberté n'est jamais à plus d'une génération de l'extinction. Nous ne l'avons pas transmise à nos enfants dans le sang. Nous devons nous battre pour elle, la protéger, et la transmettre pour qu'ils fassent de même. »[1] Cette bataille ne peut être retardée. C'est la révolution de notre époque, et c'est notre responsabilité. Puissions-nous travailler ensemble pour que les peuples finissent par vivre librement, avec amour et bonheur !

Post-scriptum

Après avoir commencé ce livre par une nuit d'hiver à Saint-Pétersbourg il y a quelques années, la lenteur de sa rédaction m'a très souvent empli d'anxiété. Ce qui m'a réconforté, en dépit des problèmes sociaux et de l'urgence du changement, c'est que le monde fait encore la fête. Il me semble donc que la tempête soit encore loin, ce qui me fait ressentir un certain soulagement à l'égard de ma propre procrastination. Depuis que j'ai terminé la rédaction du livre il y a quelques mois et commencé à le traduire en anglais, l'atmosphère mondiale a toutefois changé de façon inquiétante, et la situation s'est rapidement détériorée. Aujourd'hui, le monde est entré dans une crise profonde avec la propagation d'un virus, l'effondrement de l'économie, l'explosion du mécontentement populaire et la montée en flèche de l'hostilité entre les différentes nations. Il semblerait que l'humanité soit en train de glisser vers un abîme de conflits et de souffrances. Nous sommes donc au moment exact où les gens ont cruellement besoin de nouvelles idées et de nouvelles solutions pour faire face à cette catastrophe et s'orienter vers un avenir radieux et optimiste. C'est peut-être le destin que Dieu a dans ses cartons pour ce livre.

Ce fléau inattendu offre une étude de cas permettant d'imaginer différentes solutions micro-démocratiques, en faisant quelques hypothèses.

Concernant l'origine du virus, diverses affirmations ont été faites un peu partout, dont de nombreuses théories du complot. Je ne ferai pas de commentaires à ce sujet pour l'instant, et je n'ai pas l'intention de vendre mes spéculations à mes lecteurs. Bien que la vérité soit cachée, elle existe toujours quelque part, à l'ombre dans un coin ou scellée dans le cœur de quelqu'un. Cette dissimulation est principalement due au fait que les politiciens de l'Ancien Monde cherchent soit à se soustraire à la responsabilité de leurs fautes, soit à maintenir leur pouvoir, soit à profiter de l'occasion pour attaquer leurs rivaux, soit à confondre délibérément les médias à d'autres fins. En dernière analyse, je dirai que leur but est de tromper le public et d'utiliser le peuple pour servir leurs intérêts égoïstes. Dans un monde micro-démocratique, un monde sans « vieux » politiciens et dirigeants, jouissant d'une transparence totale de l'information, cet accident aurait pu être totalement évité. Et même s'il se produit, la vérité est immédiatement accessible et diffusée, ce qui permet de réagir le plus efficacement possible au lieu de perdre du temps et de l'énergie dans la mauvaise direction, de se méfier les uns des autres ou de porter des accusations pouvant conduire à d'éventuels conflits et guerres.

Si l'origine du virus est encore controversée, la perte de contrôle opérée au début de l'épidémie est une catastrophe humaine incontestable. Dans les premières semaines, la suppression de l'information pour des raisons politiques a fait perdre aux gens sur le terrain leur meilleure chance d'arrêter la propagation du virus. Lorsque l'infection a commencé à se répandre dans le monde entier, la négligence délibérée et la sous-estimation de la pandémie pour des raisons politiques, combinées à l'incapacité du système politique à faire face à la situation, ont fait perdre aux peuples leur meilleure occasion temporelle de se préparer sur le plan médical et financier. Le manquement de ces opportunités a inutilement coûté des vies et occasionné des pertes économiques immenses. Là encore, dans un monde micro-démocratique dénué de vieux politiciens et dirigeants, et dans lequel l'information est totalement transparente, ces catastrophes auraient été également évitables. Le poids de vote basé sur la connaissance du processus décisionnel de la micro-démocratie aurait pu faire une énorme différence. En tirant parti de la somme des connaissances médicales et économiques de l'ensemble de la société, les peuples auraient apporté à cette pandémie des réponses plus informées, plus équilibrées et plus rapides, basées sur une compréhension complète de la situation en temps réel, au lieu d'être dans l'attente et la devinette passive.

Les vulnérabilités de certains pays développés à économie de marché ont été, à la suite de cette pandémie, pleinement exposées. Dans certains des pays les plus riches du monde, en raison d'une polarisation politique et sociale bien ancrée, les riches ont accès à tout et les pauvres luttent pour leur survie. Dès qu'une catastrophe se produit, la ligne de survie des pauvres s'effondre immédiatement. Ils perdent leurs moyens de subsistance et tombent dans la précarité extrême. Dans un monde micro-démocratique, les ressources de subsistance sont garanties inconditionnellement par le gouvernement. Le logement et l'alimentation de base, les soins médicaux et les communications sont des supports essentiels à la santé physique et mentale des citoyens. Leur fourniture leur permet de traverser les périodes difficiles en toute tranquillité.

La liberté de migration incluse dans les droits institutionnels de la micro-démocratie peut faire craindre aux gens qu'un énorme afflux de migrants entraîne une propagation de la pandémie. En réalité, la micro-démocratie est dotée de certaines procédures d'urgence pour des périodes extraordinaires telles que les guerres, les pandémies et les catastrophes naturelles, permettant aux citoyens de prendre des mesures raisonnables, telle que la restriction temporaire de certains droits institutionnels afin de répondre efficacement à une crise. Le fonctionnement de ces processus est explicité dans les chapitres *Les droits de l'homme* et *Le gouvernement*. Il convient notamment de souligner que certains dirigeants ont exploité l'épidémie comme une opportunité d'étendre leur pouvoir, notamment en renforçant leur contrôle sur l'information. Les peuples devraient s'alarmer et accorder une attention particulière à cette régression démocratique et à cet autoritarisme. Le système de la micro-démocratie insiste particulièrement sur le fait que les restrictions temporaires de droits lors de périodes extraordinaires nécessitent l'autorisation de l'ensemble de la population, et qu'un mécanisme fiable et automatisé de restauration de ces droits doit être garanti.

Dans un deuxième temps, l'impact de la pandémie sur l'économie a provoqué une énorme catastrophe, mais a aussi révélé des choses positives. Tout d'abord, la dépression économique à grande échelle n'a pas eu d'impact significatif sur les conditions de vie des populations, et les stocks de nourriture et de produits de première nécessité sont toujours abondants. Ce phénomène nous montre que le niveau de production est, à notre époque, déjà très élevé, et que les réserves matérielles sont immenses. D'autre part, il démontre que le travail de la plupart des gens est en fait inutile. La production agricole dans le monde a déjà la capacité de mettre en place la mécanisation à grande échelle, et une petite partie de la population peut produire suffisamment de nourriture pour tout le monde. La production industrielle a également largement dépassé le niveau nécessaire à notre survie ; c'est la société de consommation délibérément créée par nos « élites » qui a engendré une demande excessive. Lorsque nous avons été contraints par cette pandémie de vivre plus simplement et de moins consommer, nous avons constaté qu'en vérité, nos besoins matériels sont bien moindres que ce que nous pensions. Cette réduction des besoins matériels a également fait baisser de manière significative la demande de main-d'œuvre de l'industrie manufacturière. En d'autres termes, seule une petite quantité de production industrielle et de main-d'œuvre est nécessaire pour répondre aux besoins matériels raisonnables de la population. La réduction de la production industrielle a même produit certains effets positifs.[1] Par exemple, en moins de deux mois, les émissions totales de gaz à effet de serre dans le monde ont diminué de 5 %, et la consommation de ressources naturelles a également chuté de manière spectaculaire. Cette crise a prouvé qu'un modèle économique sain pouvait effectivement inverser la tendance au réchauffement du climat et à la détérioration de l'environnement.

La vie des gens n'est donc certainement pas détériorée par une pénurie de ressources, mais plutôt par une mauvaise distribution de ces ressources, c'est-à-dire la défaillance du système de l'économie de marché qui détermine la façon dont les ressources sont distribuées. La raison en est très simple : nous avons compris que la nourriture et les ressources produites dans le monde entier étaient fournies de manière adéquate et ne nécessitaient qu'une faible quantité de main-d'œuvre. Mais il n'en reste pas moins que les besoins en nourriture et en ressources de subsistance de la plupart des gens doivent être satisfaits (sous peine de provoquer des troubles sociaux et un effondrement politique). L'essence du problème est donc de savoir comment distribuer la nourriture et les ressources à ceux qui ne les produisent pas. La solution de l'économie de marché à ce problème a été de développer le secteur tertiaire, c'est-à-dire le secteur des services. La nourriture que les gens mangent est limitée, les vêtements qu'ils portent sont limités, mais les services dont ils peuvent bénéficier sont illimités. Ce nouveau secteur permet, là encore, aux capitalistes d'exploiter les travailleurs et de générer du profit, et cette stratégie a en effet permis de contenir le problème pendant un certain temps. Malheureusement, ce mécanisme s'est développé à l'extrême, et les gens en sont aujourd'hui arrivés à faire des travaux inutiles, et s'en trouvent incapables de profiter pleinement des avantages que la civilisation humaine a à leur offrir. La pandémie a complètement fait s'effondrer ce secteur des services[2], mettant au passage notre économie de marché actuelle dans une situation désespérée.

Face au désespoir économique, la réaction instinctive de la société capitaliste est généralement la guerre. Elle désigne d'une part des ennemis afin de fuir la responsabilité du manquement de ses hommes politiques à leurs devoirs et de dissimuler les défauts structurels de l'économie de marché. D'autre part, la guerre permet de générer une nouvelle demande matérielle et de main-d'œuvre. En substance, elle sauve le système de l'économie de marché en sacrifiant des vies humaines et en accusant des pertes matérielles énormes. Il est, bien sûr, possible que toute l'humanité affronte les difficultés et surmonte les défis ensemble, mais cela nécessite qu'une force de paix domine les intérêts particuliers. Les pays modernes sont précisément l'ennemi naturel de cette force de paix. Si la lutte contre le virus peut mener les internes de différents pays à travailler ensemble, la bataille continue de faire rage entre les pays, qui se rejettent la faute mutuellement, et vont jusqu'à entraver l'acheminement de fournitures médicales et de nourriture vers les endroits où les besoins sont les plus urgents. Tous ces actes ont aggravé la crise humanitaire. Les virus ne s'arrêtent pas aux frontières, mais les frontières nationales provoquent un autre type de maladie, qui entrave la circulation sanguine des sociétés et aggrave les symptômes de la crise.

La micro-démocratie peut, manifestement, résoudre entièrement ces problèmes en éliminant les nations modernes. D'ailleurs, en pratique, et sans avoir à mettre en place tout le système de façon radicale, la simple mise en œuvre du système éducatif de la micro-démocratie suffit à elle seule à résoudre le dilemme économique actuel, en remplaçant le secteur des services de l'économie de marché par un secteur de l'éducation. Ce secteur de l'éducation deviendra la quatrième industrie émergente qui permettra à la distribution de ressources de se faire de manière compatible avec l'économie de marché. L'offre d'emplois dans le secteur de l'éducation étant infinie et ses besoins matériels étant faibles, il ne sera absolument pas touché par les catastrophes. Cette « invincibilité » permettra de maintenir l'ordre social durant les périodes difficiles. Ce système a le potentiel de non seulement résoudre la crise de l'économie de marché à court terme, mais il peut aussi constituer une opportunité pour un pays de dépasser ses rivaux et d'opérer un bon technologique. L'approvisionnement social universel en nourriture et en ressources étant inévitable, pourquoi ne pas le transformer en un investissement et en un moteur de progrès social ? Pourquoi ne pas en maximiser les effets ?

À l'heure actuelle, le monde est toujours empêtré dans une crise très profonde. Les peuples sont toujours dans un état de panique, de peur, de tristesse, de colère et de haine. Toutefois, cette catastrophe finira par passer, et nous recommencerons à vivre. Mais la vie ne sera plus jamais comme avant. Les différents périls que comportent les failles structurelles de nos systèmes et de nos sociétés ont été mis à nu, ce qui entraînera les peuples à faire des choix différents à l'avenir. J'espère que ce livre montrera aux gens un nouveau chemin, un chemin vers la lumière.

Permettez-moi de terminer ce livre par une célèbre citation de John Lennon[3] :

Imaginez qu'il n'y ait pas de pays, ce n'est pas difficile à faire
Rien à tuer ou à mourir, et aucune religion non plus
Imaginez que tout le monde vive en paix

Imaginez que vous n'ayez pas de bien, je me demande si vous le pouvez
Pas de cupidité ni de faim, juste une fraternité d'hommes
Imaginez que tout le monde se partage le monde

Vous pouvez dire que je suis un rêveur, mais je ne suis pas le seul
J'espère qu'un jour vous nous rejoindrez et que le monde sera uni

Aaron Ran

aaron.ran@microdemocracy.com
http://www.microdemocracy.com
Tennessee, États-Unis, 5 avril 2020

Notes

Préface

1. Bae, Hannah. « Bill Gates envoie un courriel aux employés de Microsoft pour célébrer le 40ᵉ anniversaire de la société. » *CNN Business*, CNN Money, avril 2015, money.cnn.com/2015/04/05/technology/bill-gates-email-microsoft-40-anniversary/index.html.

2. Hegel, Georg Wilhelm Friedrich, et al. *Principes de la philosophie du droit*. Cambridge University Press, 1991.

3. Driver, Julia. « L'histoire de l'utilitarisme ». *Encyclopédie de philosophie de Stanford*, Université de Stanford, 22 septembre 2014, plato.stanford.edu/entres/utilitarianism-history/.

Chapitre 1 Le Vote

1. Déclaration universelle des droits de l'homme. Nations unies, 1948.

2. Les éditeurs de l'Encyclopedia Britannica. « Ecclesia ». *Encyclopedia Britannica*, Encyclopedia Britannica, Inc. 2 avril 2018, www.britannica.com/topic/Ecclesia-ancient-Greek-assembly.

3. Speck, Bruno Wilhelm, et Wagner Pralon Mancuso. « Une étude sur l'impact du financement des campagnes, du capital politique et du genre sur les performances électorales ». *Brazilian Political Science Review*, vol. 8, no. 1, 2014, p. 34-57, doi :10.1590/1981-38212014000100002.

4. Jhangiani, Dr Rajiv, et al. « Les biais dans l'attribution. » *Principes de psychologie sociale 1ère édition internationale*, Campus BC, 26 Sept. 2014, opentextbc.ca/socialpsychology/chapter/biases-in-attribution/.

5. Smaldone, David. « Le rôle du temps dans l'attachement au lieu. » *Rapport technique général - Compte rendu*, 2007, doi : https://www.fs.usda.gov/treesearch/pubs/12653.

6. Dennet, Daniel. « La théorie de l'esprit. » *Le manuel d'Oxford de psychologie évolutionniste comparée,* par Jennifer Vonk et Todd K. Shackelford, Oxford University Press, 2012, pp. 53-54.

Chapitre 3 La Procédure

1. Rousseau, Jean-Jacques, et al. *Le contrat social.* Pingouin, 2004.

Chapitre 4 Les Droits de l'homme

1. Triandis, Harry C. *Individualisme et collectivisme.* Routledge, 2019.
2. Berrill, Kenneth, et T. S. Ashton. « La révolution industrielle 1760-1830. » *The Economic Journal*, vol. 59, no 235, 1949, p. 403, doi : 10.2307/2226873.
3. Déclaration universelle des droits de l'homme. Nations unies, 1948
4. Maslow, Abraham H. « Une théorie de la motivation humaine. » *Psychological Review*, vol. 50, no. 4, 1943, p. 370396, doi : 10.1037/h0054346.
5. "Dossier de la FAO sur l'offre et la demande de céréales". *Situation alimentaire mondiale*, Organisation des Nations unies pour l'alimentation et l'agriculture, www.fao.org/worldfoodsituation/csdb/en/.
6. Smith, Adam. *La richesse des nations.* W. Strahan et T. Cadell, Londres, 1776.
7. Wood, John Cunningham. Karl Marx's Economics: Critical Assessments. Routledge, 1991.
8. Nations Unies. « YouthStats : Education ». *Envoyé des Nations unies pour la jeunesse,* Bureau de l'Envoyé du Secrétaire général pour la jeunesse, 2015, www.un.org/youthenvoy/youth-statistics-education/.

Chapitre 5 Le Droit

1. Rheinstein, Max, et Mary Ann Glendon. « Droit civil ». *Encyclopedia Britannica,* Encyclopedia Britannica, Inc, 16 octobre 2019, www.britannica.com/topic/civil-law-Romano-Germanic.
2. Healy, Nicholas Joseph. « Droit maritime ». *Encyclopedia Britannica,* Encyclopedia Britannica, Inc. 22 janvier 2020, www.britannica.com/topic/maritime-law.

Chapitre 6 Le Gouvernement

1. Les éditeurs de l'Encyclopedia Britannica. « Séparation des pouvoirs ». *Encyclopedia Britannica,* Britannica, Inc, 10 avril 2020, www.britannica.com/topic/separation-of-powers.

Chapitre 7 Le Monde

1.	Chen, James. « Retour sur investissement (ROI) ». *Investopedia*, Dotdash - Investopedia, 27 avril 2020, www.investopedia.com/terms/r/returnoninvestment.asp.
2.	Twin, Alexandra. « Comprendre les indicateurs de performance clés (KPI) ». *Investopedia,* Dotdash - Investopedia, 29 janv. 2020, www.investopedia.com/terms/k/kpi.asp.
3.	Hamann, Ralph et Stephanie Bertels. « Le travail institutionnel de l'exploitation : le travail des employeurs pour créer et perpétuer l'inégalité ». *Journal of Management Studies*, vol. 55, no. 3, 2017, p. 394-423, doi:10.1111/joms.12325.

Chapitre 8 - La Route

1.	Fukuyama, Francis. La fin de l'histoire et le dernier homme. Pingouin, 1992.
2.	Staline, Joseph Vissarionovich. Dialectical and Historical Materialism (Matérialisme dialectique et historique). International Publishers, 1972.
3.	Ziblatt, Daniel. « Comment l'Europe s'est-elle démocratisée ? » *World Politics,* vol. 58, no. 2, 2006, pp. 311-338, doi : 10.1353/wp.2006.0028.
4.	Skocpol, Theda. « Héritages de l'ancien régime et révolutions communistes en Russie et en Chine ». *Social Forces,* vol. 55, no. 2, 1976, p. 284, doi : 10.2307/2576225.
5.	Joosung, Rhie. « INTENSITÉ DE TRAVAIL ET VALEUR AJOUTÉE POUR KARL MARX - REMARQUES. » *Histoire des idées économiques,* vol. 7, no. 3, 1999, pp. 181-191. *JSTOR,* www.jstor.org/stable/23722438. Consulté le 1er juillet 2020.
6.	Gören, Erkan. « Comment la diversité ethnique affecte la croissance économique ». *World Development,* vol. 59, 2014, p. 275-297, doi : 10.1016/j.worlddev.2014.01.012.
7.	Alesina, Alberto, et Eliana La Ferrara. « Diversité ethnique et performance économique ». *NBER WORKING PAPER SERIES*, 2004, doi : 10.3386/w10313.
8.	Spark, Alasdair. « Conjuring Order: The New World Order and Conspiracy Theories of Globalization (Conjurer l'ordre : le nouvel ordre mondial et les théories du complot de la mondialisation) ». *The Sociological Review*, vol. 48, no. 2_suppl, 2000, pp. 46-62., doi : 10.1111/j.1467-954x.2000.tb03520. x.
9.	« 5 choses à savoir sur la sécurité des ordinateurs centraux ». *PSR Incorporated*, 16 janvier 2019, www.psrinfo.com/5-things-you-should-know-about-mainframe-security/.

10. Drolet, Michelle. « Comment un modèle de nuage décentralisé peut accroître la sécurité et la vie privée. » *CSO Online*, CSO, 12 juillet 2019, www.csoonline.com/article/3405439/how-a-decentralized-cloud-model-may-increase-security-privacy.html.

11. Hulme, George V. « Le DDoS expliqué : comment les attaques par déni de service distribué évoluent ». *CSO Online*, CSO, 13 fév. 2020, www.csoonline.com/article/3222095/ddos-explained-how-denial-of-service-attacks-are-evolving.html.

Chapitre 9 La Science

1. Frank, Jill. « Athenian Democracy and Its Critics (La démocratie athénienne et ses critiques). » *Ethnic and Racial Studies*, vol. 42, n° 8, 2019, p. 1306-1312, doi : 10.1080/01419870.2019.1586971.

2. Riley, Padraig. Slavery and the Democratic Conscience: Political Life in Jeffersonian America (L'esclavage et la conscience démocratique : la vie politique dans l'Amérique de Jefferson). University of Pennsylvania Press, 2016.

Conclusion

1. Reagan, Ronald. Réunion annuelle de la Chambre de commerce de Phoenix sur le thème "Encroaching Control", 30 mars 1961

Post-scriptum

1. Quéré, Corinne Le, et al « Temporary Reduction in Daily Global CO2 Emissions during the COVID-19 Forced Confinement (Réduction temporaire des émissions mondiales quotidiennes de CO2 pendant le confinement forcé par le COVID-19) ». *Nature Climate Change,* vol. 10, no. 7, 2020, pp. 647-653, doi:10.1038/s41558-020-0797-x.

2. Guzman, Nicolas, et al. « Impact du coronavirus sur les organismes de services : résister à la tempête ». *McKinsey & Company, 29* avril 2020, www.mckinsey.com/business-functions/operations/our-insights/coronavirus-impact-on-service-organizations-weathering-the-storm.

3. Lennon, John, et al. « John Lennon - Imagine ». *Genius,* genius.com/John-lennon-imagine-lyrics.